TRIBUNAL DE COMMERCE
DE LA SEINE

PROJET DE LOI

SUR LES

SOCIÉTÉS PAR ACTIONS

RAPPORT

1887

TRIBUNAL DE COMMERCE
DE LA SEINE

PROJET DE LOI

SUR LES

SOCIÉTÉS PAR ACTIONS

RAPPORT

1887

PRÉAMBULE

La première impression que provoque chez les personnes familières aux choses du commerce et de l'industrie la lecture du projet de loi en 112 articles, adopté par le Sénat, se traduit, on ne peut le nier, par un certain sentiment de doute.

Le problème posé au législateur consistait à remplacer la loi du 24 juillet 1867, qui paraît ne pas avoir donné tous les résultats qu'on en espérait. Or, quels sont surtout les reproches qu'on a pu faire à cette loi? Son extrême complication, un luxe de précautions et de rigueurs trop souvent impuissant à arrêter l'audace des lanceurs d'affaires, mais en revanche, propre à écarter de la fondation et de l'administration des Sociétés par actions les hommes honnêtes et consciencieux qui seraient disposés à prêter leur concours à des affaires sérieuses, s'ils ne redoutaient des responsabilités que la moindre inadvertance peut gravement engager.

Ce système qui, pour trop traiter en mineurs ceux qui adhèrent aux sociétés comme actionnaires et ceux qui leur font crédit, est amené à traiter en suspects ceux qui les fondent ou les administrent, a-t-il exercé une heureuse influence sur la marche des affaires? Les avis sont partagés à cet égard.

D'un autre côté, il peut sembler étrange qu'alors que, le plus généralement, les formes du droit civil sont simplifiées en matière commerciale, la constitution des sociétés de commerce, sous la forme de commandite par actions ou d'anonymat, soit soumise à des formalités minutieuses et presque solennelles, dont l'observation est si délicate que les jurisconsultes et les officiers ministériels les plus exercés, que les tribunaux eux-mêmes ont pu hésiter et varier sur l'appréciation de ce qu'exige la loi raisonnablement interprétée. Est-il étonnant que de simples négociants ou hommes d'affaires s'y soient souvent trompés !

Aussi est-il difficile, *a priori*, de ne pas être tenté par l'idée d'un retour à la simplicité du droit commun, qui avait déjà trouvé, lors de la préparation de la loi de 1867, d'éloquents partisans, et qui s'était alors formulé dans le contre-projet déposé par M. Émile Ollivier.

Toutefois, on peut donner aussi de bonnes raisons pour expliquer que le législateur de 1884 n'ait pas cru devoir entrer dans cette voie, et qu'il ait préféré rester sur le terrain de la réglementation à outrance, en profitant, pour l'améliorer, des données de la jurisprudence et de l'expérience faite de la loi qui va disparaître, sauf pourtant à la compliquer encore de questions qui ont surgi de la pratique et n'avaient pas attiré l'attention des auteurs de la législation précédente.

A ce point de vue on ne peut nier que le pur et simple droit commun du code civil, du code de commerce et du code pénal, qui datent du commencement du siècle, ne soit quelque peu arriéré, et que certaines questions, qui alors ne pouvaient être prévues, ne s'imposent aujourd'hui.

Enfin, il faut bien reconnaître que les abus et les scandales de ces dernières années, qui ont vu naître et périr tant de sociétés et surtout tant de sociétés financières, justifient dans une certaine mesure le législateur d'avoir plutôt penché du côté de la protection du public que du côté de la liberté commerciale.

Quoi qu'il en soit, sans insister sur ce point de vue général, et nous plaçant pour émettre l'avis que les pouvoirs publics font au tribunal l'honneur de lui demander sur le terrain même où se sont placés le gouvernement et le Sénat, nous suivrons le projet pas à pas, article par article, en mettant en face du texte les observations qu'il nous suggérera.

Seulement, on ne s'étonnera pas que nos observations soient

en général inspirées par le désir de voir la loi devenir plus simple, moins formulaire, moins rigoureuse dans ses pénalités.

La théorie des nullités constitutives a surtout attiré notre attention, ainsi que l'étude des systèmes proposés pour en faire disparaître ou en atténuer les effets les plus exorbitants.

Ce n'est qu'après un mûr examen, après avoir scrupuleusement pesé le pour et le contre, que le Tribunal a cru devoir se prononcer pour le système de l'*homologation* préalable des statuts et des actes constitutifs, c'est-à-dire pour la substitution en cette matière du régime préventif au régime répressif emprunté à la loi de 1867. C'est le point capital du rapport qui va suivre, et dont on trouvera le développement dans le commentaire de l'article 16 du Projet.

Nous n'avons pas craint de puiser dans les travaux des corps judiciaires ou commerciaux qui, saisis avant nous, ont déjà émis leur opinion.

Parmi ceux dont la publication nous a été le plus utile, en dehors de l'Exposé des motifs des travaux de la Commission extra-parlementaire qui comptait dans son sein un ancien Président de notre Tribunal et du Rapport fait au Sénat par M. J. Bozérian, nous citerons le savant travail présenté à la Cour de Cassation par M. le conseiller Monod et les conclusions définitives de cette haute juridiction. Si, nous plaçant à un point de vue un peu différent et plus particulièrement commercial, nous nous sommes quelquefois séparés de ces conclusions, nous avons été heureux, dans les cas les plus fréquents, de nous appuyer sur la grande autorité de la Cour suprême.

Nous devons encore un témoignage tout particulier aux dissertations de M. Thaller (insérées dans la *Revue des Sociétés civiles et commerciales*) et aussi à l'ouvrage publié par M. Jacquand, ancien président du tribunal de commerce, membre de la chambre de commerce de Lyon, comme développement de son rapport à cette dernière compagnie, ouvrage où l'on trouve des vues originales et personnelles, qui atteste une grande expérience des affaires, et auquel nous avons fait, en le citant fréquemment, les plus utiles emprunts.

EXAMEN DU PROJET

TEXTE

TITRE PREMIER

DES SOCIÉTÉS ANONYMES.

1. Les sociétés anonymes peuvent se former sans l'autorisation du Gouvernement.

Elles peuvent, quel que soit le nombre des associés, être formées par acte sous seing privé fait en double original.

Elles sont soumises aux dispositions des articles 29, 30, 32, 33, 34 et 36 du Code de commerce et à celles de la présente loi.

OBSERVATIONS

TITRE PREMIER

DES SOCIÉTÉS ANONYMES.

L'article 1er du projet admet l'acte sous seing privé pour la formation des sociétés anonymes, dispensées de l'autorisation du gouvernement, conformément à la loi du 24 juillet 1867.

De bons esprits ont fait remarquer que l'exigence de la forme notariée ne serait pas excessive, à raison de l'importance des intérêts engagés dans la moindre société anonyme. A l'appui de cette proposition on a fait remarquer qu'une jurisprudence récente assujettissait, pour les emprunts hypothécaires, à des formalités assez compliquées, les sociétés formées par acte sous seing privé, formalités dont sont dispensées celles constituées par acte authentique. Ne vaudrait-il pas mieux, a-t-on dit, les soumettre toutes au même régime adopté par plusieurs législations étrangères (Belgique, Allemagne et Italie)?

Ces observations ne sont pas indignes de l'attention du législateur. Nous n'y insisterons pas, toutefois, notre intention étant, lorsque nous aurons parcouru la liste des diverses formalités constitutives et que nous arriverons à l'article 16 qui les résume et les soumet à une sorte de revision dernière, d'étudier un système d'homologation officielle qui remplacerait avec avantage l'intervention d'un notaire, à laquelle on saurait difficilement attacher comme conséquence la garantie de l'examen approfondi et encore moins de la responsabilité de l'officier ministériel.

2. La société ne peut être constituée, si le nombre des associés est inférieur à sept.

Cet article n'est que la reproduction de l'article 23 de la loi du 24 juillet 1867, et se justifie par les mêmes considérations, non que le chiffre de sept associés au minimum réponde à aucune notion primordiale et nécessaire, mais parce qu'en fait un nombre inférieur à cette limite ne pourrait guère fournir les éléments d'un conseil d'administration et d'une assemblée générale. Enfin, ce qui a surtout déterminé le législateur, c'est la pensée que les tiers, mis en relation avec une société de moins de sept personnes, représentant presque en totalité l'administration sociale, pourraient se faire illusion sur son véritable caractère et méconnaître en elle une pure association de capitaux, en se croyant en face de responsabilités personnelles (1).

Cet article dont l'inobservation entraîne la nullité de la société (art. 40) a pour corollaire la disposition de l'art. 39 qui soumet la société à la dissolution facultative, sur la demande de toute partie intéressée, un an après que le nombre des associés s'est trouvé réduit à moins de sept.

---

(1) V. Pont. *Soc. commerciales*, nos 1058 et suivants.

3. Les société anonymes ne peuvent diviser leur capital en actions ou coupures d'actions de moins de 50 francs, lorsque le capital n'excède pas 100,000 francs, de moins de 100 francs lorsque le capital est supérieur à 100,000 francs et n'excède pas 200,000 francs, et de moins de 500 francs, lorsqu'il est supérieur.

Elles ne peuvent être définitivement constituées qu'après la souscription de la totalité du capital et le versement en espèces, par chaque actionnaire, du quart au moins du montant des actions par lui souscrites.

Les souscriptions et les versements sont constatés par une déclaration des fondateurs dans un acte notarié ; la déclaration indique le lieu où le montant des versements a été déposé.

A cette déclaration sont annexés : la liste des souscripteurs, l'état des versements effectués, l'un des doubles de l'acte de société, s'il est sous seing privé, ou une expédition s'il est notarié, et s'il a été passé devant un notaire autre que celui qui a reçu la déclaration.

Quand l'acte de société est fait sous seing privé, l'un des doubles est annexé, comme il est dit au paragraphe qui précède, à la déclaration de souscription du capital et de versement du quart, et l'autre déposé au siège social.

Le projet du gouvernement limitait à 100 francs le minimum des coupons d'actions, pour les sociétés dont le capital n'excéderait pas 200.000 francs, et à 500 francs ce même minimum pour les sociétés d'un capital supérieur.

Le Sénat a pensé que l'on pouvait descendre à 50 francs le taux des coupons, lorsque le capital n'excédait pas 100.000 francs. Nous ne voyons pas d'inconvénient sérieux à cette latitude qui favorise les entreprises modestes.

Le reste de l'article, emprunté en grande partie à l'article 1er de la loi du 24 juillet 1867, est de plus d'importance.

Sans nous expliquer, quant à présent, sur la sanction de nullité attachée au défaut de souscription du capital entier ou du versement du quart, ainsi qu'à l'irrégularité des déclarations ou dépôts des documents constatant l'accomplissement de cette double condition essentielle, nous nous attacherons à ce qui, dans la rédaction proposée, diffère des exigences de la loi actuellement en vigueur.

Le Sénat, ajoutant en cela au projet du gouvernement, exige que le versement demandé à *chaque actionnaire*, soit fait en *espèces*. Cette exigence, qui tend à faire cesser de nombreuses controverses et hésitations dans la jurisprudence, a été l'objet de quelques critiques. Pourquoi ne pas admettre, a-t-on dit, certains équivalents, le paiement en valeurs d'une réalisation immédiate et certaine, tout au moins le chèque ou le mandat-poste? Il ne manque pas de sérieuses raisons à faire valoir à l'appui de cette tolérance; toutefois, la pensée d'écarter toute espèce de fraude et d'assurer indiscutablement à la société le premier quart des souscriptions a paru décisive à la Cour de Cassation qui, dans le travail de son rapporteur, appuie la rédaction du Sénat, en ajoutant qu'on devra considérer comme espèces les billets de la Banque de France. Les mêmes raisons nous déterminent et nous nous bornerons à demander que, pour éviter toute équivoque, l'assimilation aux espèces sonnantes, des billets de banque, auxquels nous ajouterions seulement le mandat-poste, soit spécifiée dans le texte définitif.

Une autre innovation consiste à exiger l'indication dans la déclaration notariée du lieu où le montant des versements a été déposé. Le but de cette prescription se saisit facilement, et la seule objection qui puisse y être faite serait un doute sur son efficacité pour prévenir toute tentative de fraude. Le versement dans une caisse publique, préconisé par plusieurs, adopté par la législation italienne, offrirait quelques garanties de plus et nous paraîtrait une heureuse innovation; mais nous aurons à revenir plus à propos sur cette question lors du résumé des formalités constitutives qui trouve sa place à l'article 16 du Projet.

4. Tout bulletin de souscription d'une société doit contenir :
1° L'indication sommaire de l'objet de la société;
2° Le montant du capital social;
3° La partie du capital social représentée par des apports en nature;
4° La partie du capital à réaliser en espèces;
5° Les avantages particuliers réservés aux fondateurs ou à toute autre personne;
6° La date de la publication du projet d'acte de société au Bulletin prévu par l'article 63.

Les affiches, prospectus, insertions dans les journaux, circulaires, doivent contenir les mêmes énonciations.

L'omission totale ou partielle des indications prescrites par le présent article donne lieu à une responsabilité civile ou pénale, soit contre les auteurs de cette omission, soit contre ceux qui leur auront sciemment prêté leur concours. Cette responsabilité est limitée à une année à partir de la publication de l'acte constitutif faite conformément à l'article 65 de la présente loi.

Cet article, qui réalise une innovation aux prescriptions de la loi de 1867, énumère un certain nombre de mentions, propres à renseigner le public appelé à souscrire, lesquelles doivent figurer sur les bulletins de souscription et aussi sur les affiches, prospectus, insertions et circulaires répandus en vue de la souscription.

Ces mentions se rapportent, en effet, aux points que le futur souscripteur a le plus d'intérêt à connaître pour donner une adhésion éclairée, et bien que certains commentateurs du projet de loi aient émis des doutes sur leur efficacité, elles sont cependant de nature à fixer l'attention du souscripteur, à le mettre en garde contre la légèreté ou l'insouciance et à lui épargner quelques regrets tardifs. L'innovation nous paraît donc, somme toute, n'offrir aucun inconvénient et présenter quelques avantages.

La rédaction de l'article 4 nous suggère une autre réflexion.

Jusqu'à présent, si la société elle-même devait être constatée par un acte écrit, l'adhésion aux statuts sociaux n'était pas soumise à la formalité obligatoire, et en quelque sorte solennelle, du bulletin de souscription, et il n'est pas à notre connaissance que la jurisprudence se soit refusée, en pareille matière, à l'admission des divers modes de preuves autorisés par l'article 109 du Code de commerce. Le projet de loi a-t-il entendu les écarter? Il nous paraît difficile d'interpréter autrement la volonté de ses auteurs; l'exigence de mentions minutieuses sur les bulletins de souscription, présentés sous peine, en cas d'omission, d'une responsabilité pénale et civile contre ceux qui doivent y veiller, comporte implicitement la nécessité de constater la souscription à l'aide d'un bulletin et l'exclusion de tout autre mode de constatation. Seulement il paraîtrait préférable que le législateur le dit expressément.

L'article 4 pourrait, cela étant, débuter ainsi :

Toute souscription à une société doit être constatée par un bulletin.

Tout bulletin de souscription, etc...

L'article se termine par une déclaration de responsabilité qui, tout au moins au point de vue pénal, aurait besoin d'être plus nettement définie.

Au point de vue civil en effet, il n'y aura lieu qu'à des dommages-intérêts proportionnés au préjudice causé et appréciés par le juge, mais les conséquences nous paraissent moins précises au point de vue pénal.

Sous ce rapport, les expressions « *contre les auteurs de cette omission ou contre ceux qui leur auront sciemment prêté leur concours* » manquent un peu de précision. Qu'entend-on par les auteurs de l'omission ? N'est-ce pas un peu vague, et ne vaudrait-il pas mieux dire avec plus de netteté « *les fondateurs et administrateurs statutaires* » ? Quant aux complices. le mot *sciemment* corrige un peu ce que la généralité d'expressions employées peut avoir d'excessif pour certains coopérateurs plus ou moins inconscients, tels par exemple que l'imprimeur.

Quant à la pénalité elle-même, qui ne saurait rester incertaine, nous croyons la trouver dans l'article 104 du projet qui punit « d'une amende de 500 à 10,000 francs toute infraction aux dispositions de la présente loi relatives à la publicité qui doit *précéder* les souscriptions, etc. » Nous aurons toutefois lieu de faire remarquer, en commentant cet article, le vague tant soit peu dangereux de sa rédaction.

Ajoutons, pour terminer, que nous nous rangeons à l'amendement présenté par la Cour de Cassation sur cet article, tendant à faire ajouter aux mots de bulletin de souscription le mot *publique*.

5. Les actions ne sont ni négociables ni cessibles avant la constitution définitive de la société.

Elles sont nominatives jusqu'à leur entière libération.

Toute action libérée peut être convertie en action au porteur, si les statuts autorisent la conversion, et en se conformant aux conditions qu'ils établissent.

Nous aurons peu de chose à dire sur cet article, non qu'il n'ait une très grande importance, mais parce que nous n'avons qu'à nous joindre au mouvement d'opinion à peu près unanime qui l'approuve comme une des modifications les plus désirables au système de la loi du 24 juillet 1867.

Le Tribunal de commerce de la Seine a été trop directement mêlé aux difficultés presque inextricables soulevées par l'application de l'article 3 de la loi actuellement en vigueur pour ne pas adhérer à une réforme propre à tarir une source inépuisable de litiges, avant même que les discussions de la doctrine et les évolutions de la jurisprudence aient dit leur dernier mot sur les conditions et les effets de la mise au porteur d'actions partiellement libérées.

Sans revenir au système trop rétrograde de l'exigence d'une libération intégrale pour la constitution même de la société, le projet, en conservant au moins aux actions jusqu'à cette libération leur caractère nominatif, répond à un vœu général de l'opinion publique.

Quant au § 1ᵉʳ relatif aux cessions dont le titre pourrait être l'objet avant la constitution de la société, nous estimons, comme la Cour de Cassation, qu'il est excessif d'interdire la cessibilité par les formes civiles et qu'il suffit de proscrire les *négociations commerciales* de l'action pendant cette période.

6. Les titulaires, les cessionnaires intermédiaires et les souscripteurs sont responsables, chacun pour le tout, du montant de l'action.

Le souscripteur et les cessionnaires ne peuvent être appelés isolément ou concurremment que dans l'instance engagée contre le titulaire, en paiement des versements non effectués.

Dans tous les cas, l'exploit introductif d'instance doit contenir, sous peine de nullité, l'indication des noms et du domicile du souscripteur primitif de l'action et des divers cessionnaires intermédiaires avec la date des transferts.

Toute partie appelée dans l'instance a le droit d'exiger la communication du registre des transferts.

Tout souscripteur ou actionnaire qui a cédé ou négocié son titre cesse d'être responsable des versements non effectués deux ans après la cession ou la négociation.

L'article 6 déduit les conséquences naturelles de l'innovation consacrée par l'article 5 : à savoir le principe, déjà consacré par la jurisprudence actuelle, qui maintient la responsabilité solidaire des titulaires, cessionnaires intermédiaires et souscripteurs de l'action nominative, tous obligés au versement du montant de l'action, conformément au principe général déposé dans l'article 1843 du Code civil.

Le projet y met toutefois un correctif, en limitant cette responsabilité à deux ans après la cession ou négociation justifiée du titre, transaction heureuse entre l'absolutisme de la règle générale et la liberté que l'intérêt du mouvement des affaires commande de laisser à l'esprit d'entreprise.

A ce point de vue, le délai de deux ans nous paraît suffisant, sans aller jusqu'à celui de trois ans ou de cinq ans réclamé par certains auteurs.

Le véritable débiteur des versements complémentaires étant le titulaire, il va de soi que les autres obligés ont recours contre lui ; mais les auteurs du projet nous paraissent avoir été bien inspirés en imposant à la société l'obligation de n'appeler isolément ou concurremment le souscripteur et les cessionnaires intermédiaires que dans l'instance introduite en même temps contre le titulaire ; c'est une heureuse simplification de procédure.

Ceci dit, nous pensons que c'est avec raison que la Cour de Cassation demande par voie d'amendement que l'obligation de mentionner dans l'exploit introductif d'instance les noms et domicile du souscripteur et des divers cessionnaires intermédiaires avec la date des transferts soit restreinte au cas où ces intéressés sont mis en cause, cette formalité n'ayant pas de raison d'être dans l'hypothèse d'une action dirigée contre le titulaire seul, celui-ci étant toujours débiteur sans recours contre qui que ce soit.

Le paragraphe 4 de l'article donne avec raison à toute partie appelée dans l'instance le droit d'exiger la communication du registre des transferts.

Cette disposition est parfaitement logique, mais elle suggère une question que le projet de loi ne paraît pas avoir voulu trancher et qu'il y aurait peut-être intérêt à voir nettement résolue.

De même que nous nous demandions tout à l'heure si le projet avait voulu faire du bulletin de souscription le mode unique et nécessaire de l'adhésion à une société, nous pouvons nous demander si dans sa pensée le transfert est le mode unique et nécessaire de la transmission d'une action nominative, commercialement s'entend, les modes du droit civil n'étant pas en question?

Ici encore les prescriptions de l'article 6 en ce qui touche la mention des dates de transferts et la communication des registres supposent implicitement dans l'esprit du législateur l'emploi du transfert, comme mode de cession unique, des titres non encore entièrement libérés; mais il eût peut-être été bon de le dire plus expressément, ce qui exclurait, notamment pour les titres partiellement libérés, le mode, parfois pratiqué et autorisé par certains statuts, de la cession par voie de simple endossement au dos du titre, qui n'est pas sans inconvénient, ne laissant aucune trace sur les livres sociaux.

Au même point de vue, on peut se demander quelles conditions doit réunir le transfert lui-même. L'article 36 du Code de commerce le fait consister en une déclaration de transfert inscrite sur les registres et signée de celui qui fait le transfert ou d'un fondé de pouvoir. Mais, comme on l'a fait remarquer avec raison (1), le Code de 1807 ne pouvait guère avoir en vue que des titres complètement libérés; tandis que s'agissant de titres sur lesquels il reste des versements à faire, le nom du cessionnaire intéresse la société vis-à-vis de laquelle s'engage un nouveau débiteur.

Cependant, même en pareille matière, l'usage de feuilles de transfert en blanc, signées du seul cédant, et circulant entre plusieurs mains avant toute régularisation sur les registres sociaux, paraît avoir été fréquent et a été critiqué comme permettant d'éluder les conditions légales de la conversion au porteur, et aussi comme propre à priver l'État de nombreux droits de mutation.

Peut-être dira-t-on que cette pratique est favorable au mouvement des affaires et au placement des titres; mais on ne peut nier que le fonctionnement de l'article 6 du projet serait notablement simplifié si, par une disposition formelle, exclusive de ces modes irréguliers de transmission (qui pourraient tout au plus produire effet entre les parties), le seul mode de cession commercial admis pour la cession des actions au regard de la Société partiellement libérées était le transfert complet et régulier signé du cessionnaire en même temps que du cédant avec certification des signatures par notaire ou agent de change, sans parler du visa des administrateurs, en général exigé par les statuts. Dans ce système bien précis, le titulaire serait nécessairement le dernier cessionnaire inscrit aux registres sociaux, sans preuve contraire opposable à la société ou pouvant être

---

1. JACQUAND, *Examen critique*, p. 72 à 75.

invoqué par elle; et les seuls cessionnaires intermédiaires à mettre en cause conjointement avec le souscripteur primitif et le dernier titulaire, ceux qui figureraient dans les transferts successifs portés au registre.

Nous croyons devoir recommander cette question à l'attention du législateur, le texte de l'article 6 ne paraissant point suffisamment explicite à cet égard.

Dans le même ordre d'idées, nous estimons que le dernier paragraphe de l'article 6 serait heureusement modifié, en ce qui touche la fixation du point de départ de la prescription de deux ans, par la substitution à ces mots « deux ans après la cession ou négociotion » de ceux-ci « *deux ans après la date du transfert inscrit sur les registres sociaux* ».

7. Les apports en nature ne peuvent être représentés que par des actions libérées en totalité.

Ces actions ne peuvent être détachées de la souche et ne sont négociables que deux ans après la constitution définitive de la société.

Pendant ce temps, elles devront, à la diligence des administrateurs, être frappées d'un timbre indiquant leur nature et la date de cette constitution.

Cet article apporte une double limitation à la faculté pour les sociétés de rémunérer en actions les apports en nature qu'ils reçoivent. D'une part il exige que ces actions soient libérées en totalité ; d'autre part que ces actions ne soient négociables que deux ans après la constitution définitive de la Société, et jusque-là restent à la souche, frappées d'un timbre spécial.

Cette rédaction émane du Sénat, modifiant en ce point le projet originaire du gouvernement qui admettait la représentation des apports en nature même par des actions partiellement libérées.

Bien que cette innovation du Sénat ait trouvé une approbation autorisée auprès de la Cour de Cassation dont elle consacrait la jurisprudence, nous nous rangeons à l'opinion de ceux qui estiment que le gouvernement avait été mieux inspiré en n'exigeant pas la libération intégrale des actions d'apport (1).

Une des meilleures garanties du caractère sérieux des Sociétés n'est-elle pas que les fondateurs, quand ils sont en même temps apporteurs, restent autant que possible intéressés à la prospérité sociale? Or si ce succès les intéresse dans un certaine mesure, lorsqu'ils ont reçu des actions libérées, au point de vue des dividendes qu'ils peuvent obtenir, combien plus direct encore est leur intérêt à ce que ce succès les exonère de l'obligation de répondre à des appels de fonds ! Il nous est donc difficile d'apercevoir les inconvénients d'une faculté que reconnaissait à bon droit le projet du gouvernement et qu'il eût pu suffire

---

(1) V. not. l'Exposé de motifs (*Journal officiel*, 19 novembre 1884), les observations de M. Denormandie lors de la discussion au Sénat. — V. aussi Jacquand, *Examen critique*, p. 78 et suivantes.

à la rigueur de ne pas interdire en la laissant sous l'empire de la liberté des conventions s'il n'avait pas été nécessaire de l'exprimer formellement pour trancher la question dans un sens opposé à celui prévalant en jurisprudence sous la loi de 1867.

Quant à la seconde disposition de l'article modifié par le Sénat, relatif à l'inaliénabilité temporaire des actions d'apport, elle a plus de raison d'être au point de vue de l'intérêt que doivent autant que possible conserver les apporteurs; mais ce n'est pas sans de sérieuses raisons qu'on y a vu un certain abus de réglementation législative. Mettre des limites à l'usage et à la disposition d'une propriété concédée en échange d'une autre semble plus du domaine de la convention exprimée dans les statuts que de la loi, et les diverses législations étrangères ne paraissent pas être tombées dans cet excès de restrictions légales à la liberté des contrats.

Si le principe en était admis, malgré les observations nous nous associerions subsidiairement aux raisons de ceux qui opinent pour un délai d'inaliénabilité inférieur à deux ans (1). Un an semblerait un minimum suffisant.

---

(1) JACQUAND, *Examen critique*, p. 87.

8. Les avantages consentis aux fondateurs ou à toute autre personne peuvent être représentés par des titres cessibles ou négociables.

Ces titres ne donnent droit qu'à une part dans les bénéfices, lesquels, sauf stipulation contraire, sont calculés après prélèvement d'un intérêt de 5 pour 100 au moins au profit des actions.

Doit être considéré comme bénéfice l'actif distribuable au moment de la liquidation après le remboursement du capital aux actionnaires.

Cette disposition du projet amendé par le Sénat prête à des observations analogues à celles présentées sur l'article précédent, à savoir l'inconvénient d'une intervention exagérée du législateur dans des stipulations d'un ordre essentiellement conventionnel.

Qu'il puisse être bon de limiter, quant à la quantité, les bénéfices attachés aux *parts* de *fondateurs* ou avantages analogues, comme le propose le Sénat, ou encore quant à leur durée, comme le fait la loi italienne, cela peut s'admettre ; mais n'est-ce pas au pouvoir statutaire que devraient être abandonnées de pareilles questions ?

Étant admis d'ailleurs le principe d'intervention législative dans un but de protection des actionnaires, principe qui nous paraît ici d'une application tant soit peu abusive, les proportions indiquées dans l'article 8 nous paraissent raisonnables, comme conciliation des deux intérêts en présence ; mais, dans le même ordre d'idées, il paraîtrait logique de dire, à l'imitation de l'article précédent, que les titres ne seront négociables que dans un certain délai ; et ici, comme tout à l'heure, nous proposerions celui d'un an à dater de la constitution de la société.

9. Une assemblée générale est convoquée à la diligence des fondateurs, postérieurement à l'acte qui constate la souscription du capital social et le versement du quart de ce capital.

Cette assemblée vérifie la sincérité de cet acte.

Si la demande en est faite par le quart des actionnaires présents, la sincérité de la déclaration des fondateurs est soumise à l'appréciation d'un ou de trois experts nommés par le président du tribunal de commerce du lieu où le montant des versements a été déposé.

Le rapport de ces experts est imprimé et distribué à chaque actionnaire, dix jours au moins avant la réunion qui doit statuer.

L'art. 9, dans sa première partie, porte qu'une assemblée générale, convoquée à la diligence des fondateurs, vérifie la sincérité de la déclaration relative à la souscription du capital et au versement du quart de ce capital, ce qui est conforme à la loi de 1867. Mais il ajoute une importante innovation en prescrivant que « si la demande en est faite par le quart des actionnaires présents, la sincérité de la déclaration des fondateurs sera soumise à l'appréciation de trois experts nommés par le président du tribunal de commerce du lieu où les versements sont déposés ». Le dernier alinéa porte que « le rapport des experts est imprimé et distribué à chaque actionnaire dix jours au moins avant la réunion qui doit statuer ».

Les fraudes dans les déclarations de souscription et de versement ont donné lieu à tant de difficultés et motivé de si nombreuses demandes en nullité contre des sociétés anonymes que l'on ne peut qu'approuver cette utile innovation. Seulement l'expertise facultative est-elle un remède suffisant au mal que l'on veut prévenir, et ne conviendrait-il pas de faire un pas de plus en établissant l'expertise obligatoire? Du moment que le législateur est surtout mû par la pensée de protéger contre eux-mêmes, en quelque sorte, les actionnaires qu'il traite en mineurs, ne doit-on pas pousser cette préoccupation jusqu'au bout et se défier des dispositions optimistes qui, à cette première heure, subissent si facilement l'influence des fondateurs?

De bons esprits l'ont pensé, et nous sommes disposés (du moment que l'idée de protection l'emporte sur celle de liberté) à partager cette appréciation. La Cour de Cassation, qui n'a pas cru devoir s'y rallier dans le savant travail de son rapporteur, en donne pour motif principal que l'expertise obligatoire serait trop propre à dégager la responsabilité des fondateurs. Nous rechercherons plus loin (Art. 16) dans quelle mesure cette responsabilité pourrait être considérée comme couverte ; mais en tout cas, cette objection ne nous arrêterait pas. On ne saurait oublier qu'il s'agit ici de la vérification d'un fait matériel qu'il sera toujours beaucoup plus facile de contrôler au moment où il vient de se produire que plus tard. Les chances d'erreur de l'expertise seront assez minimes dans ces conditions pour qu'on ne doive pas regretter qu'elle rende difficile, sinon impossible, un recours contre des fondateurs ou administrateurs statutaires, lequel, le plus souvent, ne sera exercé que longtemps après, lorsque la société aura périclité et à un moment où la vérification sera devenue des plus incertaines, en même temps que la solvabilité des éditeurs responsables de l'irrégularité aura pu disparaître.

Nous inclinons donc, dans ce cas, comme dans celui encore plus délicat des articles suivants, pour l'expertise obligatoire qui conduit, par une déduction rapide, au principe de l'homologation officielle.

10. La première assemblée générale nomme des commissaires à l'effet d'apprécier la valeur des apports qui ne consistent pas en espèces, ou la cause et l'importance des avantages stipulés.

La société ne peut être définitivement constituée qu'après l'approbation des apports ou des avantages, donnée par une autre assemblée générale, après une nouvelle convocation.

11. La seconde assemblée générale ne peut statuer sur l'approbation des apports ou des avantages qu'après un rapport fait par les commissaires nommés dans la première assemblée.

Des exemplaires de ce rapport sont tenus à la disposition des actionnaires cinq jours au moins avant la réunion de cette seconde assemblée.

Cette assemblée, composée comme il est dit à l'article 21, peut accepter toute réduction consentie sur l'évaluation des apports ou sur les avantages stipulés.

Dans tous les cas, si le quart des actionnaires présents le demande, il doit être procédé à la vérification de la valeur des apports, ainsi que de la cause et de l'étendue des avantages, par un ou trois experts désignés contradictoirement avec un délégué des réclamants, par le président du tribunal de commerce du lieu du siège social.

L'expertise est poursuivie aux frais de la société, à la requête de la partie la plus diligente.

Les associés appelés à profiter des dispositions des articles 7 et 8 ne comptent pas pour le nombre des actionnaires présents, et n'ont pas voix délibérative dans les assemblées, prévues par le présent article et par l'article 10.

12. A défaut d'approbation, la société reste sans effet à l'égard de toutes les parties.

L'approbation ne fait pas obstacle à l'exercice ultérieur de l'action qui peut être intentée pour cause de dol ou de fraude.

Ces trois articles règlent la question de la vérification et de l'approbation des apports qui, malgré les prescriptions de la loi actuellement en vigueur, a donné lieu à tant de scandales, de fraudes et de récriminations. Ici, en effet, il ne s'agit plus d'une simple constatation matérielle, mais d'une appréciation morale dont les éléments sont multiples et incertains; il s'agit de peser la valeur actuelle, et aussi d'avenir, de recherches, de brevets, de filons de mines, de combinaisons industrielles. Rien de plus délicat, pas de terrain sur lequel la crédulité ou le premier enthousiasme des adhérents soit plus à la merci des hâbleries intéressées des fondateurs, et des complaisances, souvent intéressées aussi, de commissaires dont la nomination n'est pas entourée de garanties sérieuses et dont la responsabilité personnelle sera souvent illusoire.

Le projet reproduit les dispositions de la loi de 1867 dans ses lignes principales : double assemblée, rapport des commissaires, vote, sans la participation des apporteurs, par une deuxième assemblée. (Art. 4 et 24 de la loi de 1867). Il renvoie à l'art. 21 pour les conditions de composition de cette seconde assemblée et il ajoute, comme dans l'article 9, l'expertise facultative à la demande du quart des actionnaires présents.

Les raisons qui nous ont déterminé, dans l'examen de l'article 9, pour l'expertise obligatoire s'imposent à plus forte raison ici. La vérification est encore plus délicate, sinon plus importante; l'avantage qu'il y a d'y procéder au moment où les apports peuvent encore avoir une valeur sérieuse qu'il serait injuste de la demander plus tard, quand ils auront pu la perdre par des circonstances ultérieures, n'a pas besoin de démonstration.

On a demandé que les commissaires

eux-mêmes fussent nommés par le président du tribunal de commerce (1). Le principe de l'expertise obligatoire rend cette précaution sans objet et nous ne l'appuirions que subsidiairement pour le cas où le principe lui-même serait écarté.

Un amendement proposé par la Cour de Cassation au projet qui mettait les frais d'expertise à la charge de la société, propose de dire, la société n'ayant pas encore d'existence définitive, que les frais seront avancés par les fondateurs, sauf recours contre la société si elle se constitue. Cette observation est juste et fondée.

Une innovation heureuse du projet permet à l'assemblée d'accepter toute réduction consentie par les apporteurs sur la valeur des apports ou les avantages particuliers soumis à son examen. Ce moyen terme n'existait pas dans la loi précédente.

L'article 12 déduit la conséquence naturelle du défaut d'approbation, à savoir que la société, ne pouvant se constituer, reste sans effet à l'égard de toutes les parties.

L'auteur que nous avons cité plus haut (*Examen critique*, p. 99) propose une distinction, qui nous paraît heureuse, entre le défaut d'approbation des apports et le défaut d'approbation des avantages particuliers, la première seule devant empêcher la constitution de la société, la seconde ne pouvant tout au plus que motiver une demande en dommages-intérêts des stipulants évincés contre les fondateurs ou même contre la société, si

---

(1) JACQUAND, *Examen critique*, 1 . 100.

ceux-ci l'ont engagée et qu'elle se constitue.

Le projet du Sénat écarte avec raison, selon nous, un troisième alinéa de l'art. 12, qui, en dehors de l'action pour dol et fraude, autorisait une sorte de rescision pour lésion de plus de moitié dans l'évaluation des apports, sur la demande d'actionnaires représentant le vingtième au moins du capital social, et ce, pendant un délai de trois ans à partir de la constitution de la société. Le Sénat ne laisse subsister que l'action pour dol et fraude. Nous aurons à revenir sur ce point à propos de l'homologation dont nous examinerons l'opportunité, sous l'article 16.

13. Les dispositions des articles 10, 11 et 12, paragraphe 1, ne sont pas applicables au cas où la société à laquelle sont faits les apports en nature est formée entre ceux seulement qui en étaient propriétaires.

Toutefois, la société ne pourra être valablement constituée qu'après qu'il aura été procédé à la vérification de la valeur des apports et de l'étendue des avantages par trois experts désignés par le président du tribunal de commerce du lieu du siège social, à la requête des fondateurs ; ceux-ci devront se conformer aux appréciations des experts.

Dans le cas prévu par le présent article, les actions représentatives d'un capital versé en espèces par les apporteurs, comme les actions représentatives d'apports en nature, ne sont négociables que dans les conditions prévues par l'article 7.

L'article 13 reproduit, avec modifications, la disposition finale de l'article 4 de la loi de 1867, relative à la dispense de double assemblée pour les sociétés qui se forment entre les propriétaires de l'objet ou des objets mis en société sans exiger, comme la loi précédente, qu'ils en soient propriétaires par indivis.

La première innovation, motivée par la crainte de fraudes qui s'étaient produites sous l'empire de l'ancienne loi par des simulations d'indivision en vue d'échapper à un examen et ce au détriment des tiers auxquels il était fait ultérieurement appel par voie de souscription publique d'actions ou émission d'obligations, prescrit l'expertise obligatoire pour l'estimation de la valeur des apports et de l'étendue des avantages. Il va sans dire que nous approuvons cette disposition.

La seconde soumet à la disposition de l'article 7 les actions des apporteurs dont la négociation reste interdite pendant deux ans. Nous nous en tenons à nos observations sur cet article en ce qui touche la longueur, peut-être excessive, de ce délai, que nous avons proposé de réduire à un an.

14. Les sociétés anonymes sont administrées par un ou plusieurs mandataires à temps, salariés ou gratuits, pris parmi les associés.

Ces mandataires peuvent choisir parmi eux un directeur, ou, si les statuts le permettent, se substituer un mandataire étranger à la société et dont ils sont responsables envers elle.

15. L'assemblée générale, convoquée conformément à l'article 9, nomme les administrateurs, et, pour la première année, les commissaires.

Ces administrateurs ne peuvent être nommés pour plus de six ans; ils sont rééligibles, sauf stipulation contraire.

Toutefois, ils peuvent être désignés par les statuts, avec stipulation formelle que leur nomination ne sera point soumise à l'approbation de l'assemblée générale. En ce cas, ils ne peuvent être nommés pour plus de trois ans.

Les administrateurs sont toujours révocables.

Les articles 14 et 15 sont relatifs à l'administration des sociétés anonymes. Ils sont la reproduction à peu près textuelle des articles 22 et 25 de la loi de 1867.

Un amendement proposé par la Cour de Cassation fait de la révocabilité des administrateurs une condition essentielle à laquelle ne peut déroger aucune clause contraire des statuts ; cela est conforme à l'esprit général de la loi.

L'article 14, à l'imitation de l'ancien article 22, comprend, parmi les dispositions prescrites à peine de nullité de la société, celle qui exige que les administrateurs *soient pris parmi les associés*.

Cette exigence a été critiquée. On a fait remarquer qu'elle pouvait éloigner du conseil d'administration, au préjudice des intérêts sociaux, des collaborateurs compétents qui n'ont pas les moyens ou la volonté d'être actionnaires ; que la plupart des législations étrangères (belge, allemande et suisse) ne la reproduisent pas.

Cette critique ne nous paraît pas décisive. Le principe consistant à donner aux administrateurs un intérêt social est bon à inscrire dans la loi, et nous nous proposons, tout à l'heure, d'en déduire certaines conséquences au point de vue du mode de rémunération des administrateurs et des garanties dont leur gestion doit être entourée. La loi ne fixant, dans l'article 14, aucun nombre d'actions et l'assemblée générale étant libre de désigner pour administrateur un associé qui ne posséderait qu'un nombre insignifiant d'actions, une seule même, l'objection, tirée de la compétence spéciale pouvant ne pas aller de pair avec l'importance des intérêts engagés, ne conserve pas beaucoup de force.

En ce qui touche le droit pour les

administrateurs de choisir parmi eux un directeur ou de se substituer, quand les statuts le permettent, un mandataire étranger dont ils répondent vis à vis de la société, le Projet définitif reproduit textuellement le deuxième alinéa de l'article 22 de la loi de 1867.

C'est surtout sur l'article 17 qui assujettit les administrateurs à la possession et au dépôt, à titre de garantie de gestion, d'un nombre d'actions à déterminer par les statuts, qu'il y aura lieu de rechercher dans quelle mesure doit se concilier ce principe de garantie avec la liberté de choix qui doit rester à l'assemblée générale.

Quant au mode de rémunération des administrateurs révocables de la société, c'est bien dans les articles 14 et 15 que se trouve le siège de la question.

A ce point de vue, le Tribunal de commerce de la Seine, à qui sa pratique a révélé de nombreux inconvénients résultant de la séparation des intérêts particuliers des administrateurs d'avec les intérêts sociaux, estime que le principe d'une rémunération fixe, consistant en allocations diverses, notamment en jetons de présence, devrait être proscrit et remplacé par la faculté d'allouer aux administrateurs une rémunération proportionnelle sur les affaires de la société.

Cette règle, inscrite dans la loi, préviendrait de nombreux abus.

16. La société est constituée à partir de l'acceptation des administrateurs et des commissaires constatée, soit dans le procès-verbal de l'assemblée réunie en vertu de l'article 15, soit par un acte passé devant notaire, sous la réserve suivante :

Les commissaires doivent, immédiatement après leur nomination, vérifier si toutes les dispositions contenues dans les articles qui précèdent ont été observées ; s'ils constatent l'inobservation d'une ou de plusieurs de ces dispositions, ils doivent, avant qu'aucune opération sociale ait été commencée, mettre les administrateurs en demeure de s'y conformer et de convoquer à bref délai la réunion d'une assemblée générale à laquelle il sera rendu compte et demandé une approbation nouvelle : dans ce cas, la société n'est définitivement constituée qu'après cette approbation.

L'article 16 termine a série des dispositions relatives à la constitution de la société.

La société est constituée à partir de l'acceptation des administrateurs et des commissaires ; c'est déjà ce que portait l'article 25 de la loi de 1867, mais au sujet des seuls administrateurs.

Quant aux commissaires, ils reçoivent de l'article que nous analysons une mission nouvelle et distincte de celle que leur confiaient les articles 25 et 32 de la loi existante relativement à la vérification soit des apports, soit des comptes annuels.

Cette mission consiste à vérifier, aussitôt nommés, si toutes les dispositions contenues dans les articles précédents ont été observées, et, s'ils s'aperçoivent d'une omission, à interdire aux administrateurs de commencer aucune opération sociale avant de l'avoir réparée, puis à demander, en conséquence de cette réparation, à une nouvelle assemblée générale une approbation définitive à partir de laquelle la société sera enfin constituée.

Le but de cette innovation est louable assurément, et il se peut que dans certains cas, en éveillant l'attention des commissaires et en mettant en jeu leur responsabilité, elle amène la découverte de certaines omissions ou irrégularités et, par une réparation venue encore à temps, épargne à la société la menace perpétuelle de la demande en nullité.

On a fait toutefois remarquer avec raison que cette vérification imposée aux commissaires est à la fois difficile et d'une efficacité douteuse. Les commissaires ont pour mission ordinaire, dans le projet comme dans la loi en vigueur, de vérifier des comptes, et ce sont surtout des qualités de comptables qu'il faut leur demander ; or la mission de vérification est complexe et comporte un examen de questions de droit et de formalités légales qui rentrent plus particulièrement dans la compétence du jurisconsulte ou de l'officier ministériel (1).

Sera-t-il facile de trouver réunies dans un même individu des aptitudes si diverses, et la difficulté ne sera-t-elle pas d'autant plus grande qu'en compliquant considérablement la responsabilité attachée au mandat de commissaire il est à craindre que l'innovation proposée n'éloigne de ces fonctions délicates les hommes prudents et consciencieux, toujours les plus timorés? D'ailleurs, à ce moment où les fondateurs et premiers administrateurs sont encore tout-puissants, où l'impatience est grande de commencer les opérations sociales, les commissaires seront-ils dans de bonnes conditions de sang-froid et d'indépendance pour exercer le contrôle sévère et minutieux qui leur est demandé, et n'est-il pas à prévoir que ce contrôle ne sera souvent qu'une vaine formalité ?

On est donc conduit à douter que la mesure projetée soit suffisante à écarter des sociétés le danger des nullités constitutives dont l'arsenal est si riche et si varié. N'y a-t-il pas mieux à faire pour assurer l'observation des prescriptions légales ? De la recherche de ce *desideratum* est née la pensée d'un autre système de contrôle qui a pris une place importante dans divers travaux de doctrine et de critique suscités par le projet de réforme de la loi de 1867. Ce système est celui de l'homologation officielle, de préférence judiciaire,

---

(1) V. not. article de M. Mathieu-Bodet, *Journal des Economistes*, mai 1884, p. 178.

dont le principe existe dans plusieurs législations étrangères, notamment dans les lois allemande, italienne, et espagnole, et, avec un caractère un peu différent, dans la loi anglaise. Proposé par M. Thaller, professeur à la Faculté de droit de Lyon, qui l'a développé avec de fortes raisons à l'appui dans une série d'article parus au *Journal des Sociétés civiles et commerciales* (v. année 1884, p. 728 et suiv.), ce mode de procéder a été vivement recommandé par M. Jacquand, ancien président du Tribunal de commerce, membre de la Chambre de commerce de Lyon dans le rapport présenté à cette chambre et le traité développé auquel nous avons déjà fait plus d'un utile emprunt.

Après mûre réflexion, le Tribunal de commerce de la Seine trouve de si sérieux avantages dans une organisation qui supprimerait en fait tous les cas de nullités constitutives, qui tarirait une source inépuisable de litiges hérissés de subtilités et de rigueurs formulaires dont la justice elle-même s'est fatiguée, que, sans se laisser arrêter à certaines objections spécieuses, il croit devoir se ranger franchement au système de l'homologation.

Profitant des travaux de nos devanciers, nous allons essayer : 1° de réfuter les objections que cette nouveauté suscite ; 2° de rechercher quelle autorité serait le plus apte à donner l'homologation dont s'agit ; 3° de régler la procédure et les effets de l'homologation.

La première objection qui se présente est celle-ci : Ne met-on pas en péril cette liberté des sociétés anonymes, conquête précieuse de la loi de 1867 qu'il ne faut pas compromettre, et dont l'esprit est de laisser les actionnaires libres en face des fondateurs, sans aucune intervention étrangère qui se glisse entre eux? N'est-ce pas rétablir sous une autre forme, avec ses entraves d'ailleurs peu efficaces, l'autorisation gouvernementale condamnée par l'opinion?

On oublie, en parlant ainsi, que c'est une singulière liberté, et bien périlleuse, que celle qui, pour ne pas donner un tuteur aux contractants au moment où il est le plus nécessaire de les prémunir contre leurs propres entraînements, les laisse en présence d'un redoutable faisceau de nullités étroites, inconnues à tout autre contrat commercial, dont l'éventualité pèse lourdement non seulement sur les fondateurs ou administrateurs responsables, mais sur les actionnaires eux-mêmes. Ne restent-ils pas, en effet, sous le coup de la demande isolée du plus chétif intéressé, mis en œuvre par les révélations suspectes de quelque basse officine de chantage; demande qui, bien qu'en contradiction avec les convictions et l'espérance du plus grand nombre, s'imposera au juge lié par la rigueur inéluctable d'un texte, et entraînera une dissolution forcée, souvent au détriment de la masse des actionnaires que la nullité elle-même n'exonérera d'aucun de leurs engagements en faveur des tiers, et notamment de l'obligation de compléter le versement de leur mise? Si de deux maux il faut choisir le moindre, ne vaut-il pas mieux que la protection s'exerce lorsqu'il est temps encore de s'arrêter, sans attendre qu'elle ne se manifeste que par des rigueurs impuissantes à remédier à un mal irréparable!

Qu'on ne croie pas d'ailleurs que nous proposions d'en revenir à l'autorisation administrative. Celle-ci comportait un veto absolu qui pouvait arrêter toute l'entreprise par une appréciation non seulement de l'accomplissement de certaines formalités légales mais aussi des chances de cette entreprise, de ses moyens d'action, des garanties qu'elle pouvait offrir aux int éressés. Rien de semblable ici; c'est la volonté des parties qui liera le contrat, sans crainte de le voir plus tard remis en question faute de vérification suffisante de certaines conditions essentielles de forme et de fond.

Une seconde objection plus pratique se tire des retards que les formalités de la procédure de l'homologation entraîneront et qui pourront décourager les promoteurs d'une idée féconde ou faire manquer le moment favorable pour la mettre en œuvre. Nous convenons que cet inconvénient existe ; mais, même en pareille matière, ne vaut-il pas mieux marcher sûrement que marcher vite, et construire un édifice solide ? De plus, nous ferons remarquer que cette objection n'a de valeur que dans la bouche de ceux qui font de l'expertise, soit en matière de vérification du versement, soit en matière de vérification d'apport, une mesure facultative. Dès lors qu'on estime cette expertise *obligatoire* (et c'est dans ce sens que nous nous sommes prononcés), le délai est forcément subi et le reste de la procédure d'homologation, telle que nous allons la décrire, y ajoutera fort peu de chose.

Une autre objection se trouve dans le rapport de la Cour de Cassation qui écarte en quelques mots, un peu rapidement peut-être, le système de l'homologation. Il laisse de côté le mécanisme pratiqué dans les législations étrangères que nous avons citées plus haut, comme reproduisant notre ancienne autorisation administrative. Quant à l'homologation judiciaire, dit-il, les tribunaux, eux non plus, ne sont pas infaillibles ; ils peuvent laisser passer une irrégularité, et n'est-il pas fâcheux que la responsabilité morale porte sur eux?

Un tel inconvénient, qui peut s'appliquer à toute homologation judiciaire (1), peut-il être mis en balance avec ceux que nous voudrions bannir de la loi? Nous ne le pensons pas, et cette troisième objection qui, toute sérieuse qu'elle soit, ne nous paraît pas décisive, nous amène au second point que nous nous proposions de traiter, à savoir le choix de l'autorité investie du pouvoir de vérification.

Nous ne croyons pas que ce pouvoir doive être confié à une autorité administrative. Non, assurément, que par son objet même l'intervention qu'il s'agit ici de régler soit comparable à celle qui appartenait au gouvernement, éclairé par le Conseil d'État, dans l'ancienne législation en matière de sociétés anonymes. Assurément, des commissions de comptables, de jurisconsultes et d'ingénieurs établies près du ministère du commerce, analogues à celles qui dans certains pays fonctionnent en matière de brevet d'invention, pourraient rendre d'utiles services. Mais, outre qu'il serait peut-être difficile de dissiper certains préjugés attachés au souvenir de la législation ancienne, il nous semble qu'une autorité plus indépendante par son institution, placée plus près des justiciables, plus mêlée au mouvement des affaires, plus instruite des besoins du commerce et de l'industrie, exercerait un contrôle plus efficace et plus respecté, et nous ne croyons pas qu'on puisse trouver

---

(1) Nos lois offrent de nombreux exemples de cas d'homologation, soit au civil (not. Art. 467 C. Civ.), soit au commercial (concordat, transactions) et la pratique ne montre pas que les tribunaux perdent de leur autorité ou de leur prestige en usant du droit que la loi confère, malgré les quelques erreurs inévitables qui peuvent se glisser dans leurs décisions.

un corps réunissant mieux ces diverses conditions que la juridiction consulaire.

A cet égard les avis se sont divisés entre les partisans du système d'homologation préalable. M. Thaller, dont nous avons déjà cité les intéressants travaux, incline pour le tribunal civil par le motif que, précisément moins mêlé au monde du commerce, à son esprit d'entreprise, à une 'certaine tendance à ne pas s'attacher au droit strict, il exercera un contrôle plus rigide et moins complaisant; il cite l'exemple de l'Italie où c'est le tribunal civil qui vérifie les formalités et, le ministère public entendu, enregistre et fait publier l'acte constitutif et les statuts ; mais il convient que, dans ce pays même, la substitution de la juridiction commerciale à la juridiction civile a été réclamée, notamment par le jurisconsulte Vidari dans son Traité de droit commercial.

En ce qui touche notre pays, nous estimons avec M. Jacquand *(loco citato)* que, dans les conditions de compétence et d'indépendance qu'offre le fonctionnement de la juridiction consulaire, c'est à elle qu'il conviendrait de confier la mission dont il s'agit maintenant de déterminer le caractère et les effets.

En reprenant l'énumération de ceux des articles précédents que l'article 40 sanctionne de la peine de nullité, nous aurons indiqué les divers objets du contrôle que nous proposons de confier au tribunal.

Art. 2.

Nombre de sept obligatoire.

Rien de difficile dans la constatation de ce minimum d'associés, à l'aide de la liste des souscripteurs et des bulletins de souscription, qui devront être produits à l'appui de la demande d'homologation.

Art. 3.

§ 1ᵉʳ. — *Division du capital, etc., minimum des coupons d'action.*

Pure constatation matérielle aussi.

§ 2. — *Souscription intégrale du capital.*
Ici encore il y a surtout un calcul simple à faire dont l'ensemble des souscriptions donne le résultat.

§§ 2 et 3. — *Versement du quart et déclaration par acte notarié le constatant.*

Ici la constatation est plus délicate et l'on sait à quelles nombreuses difficultés a donné lieu la constatation de cette formalité essentielle.

Mais il est à remarquer que le projet lui-même ouvre aux actionnaires (pourvu que la demande en soit faite par les trois quarts d'entre eux) la ressource de l'expertise. Nous avons émis, en nous ralliant à une opinion inspirée par la pensée de préserver les actionnaires d'une trop grande confiance sur ce point si important, l'avis que cette expertise devait être de règle obligatoire. Cela étant, il est certain que la procédure d'homologation n'ajoute presque rien, ni en lenteurs ni en difficultés, à celles inhérentes à l'expertise. Les experts étant désignés par le président du tribunal de commerce, rien de plus naturel que ce tribunal vérifie dans quelles conditions de régularité cette expertise s'est faite, et sanctionne par son homologation les résultats de cette instruction (1).

---

(1) Sous l'article 3 nous avons fait allusion à l'innovation proposée par plusieurs, consistant à exiger le dépôt dans une caisse publique (dépôt dont la formalité existe en Italie, et que M. Thaller dans sa dissertation déjà citée a disculpé des difficultés pratiques que d'autres lui reprochent), et nous avons émis l'opinion que cette mesure devrait être adoptée. Elle donnerait plus de garanties encore au travail de l'expertise préparatoire à l'homologation.

§ V. — *Annexion d'un double de l'acte sous seing privé à la déclaration, et dépôt de l'autre double au siège social.*

Rien à dire de cette formalité dont la constatation repose sur un fait précis.

Art. 5.

Non-négociabilité des actions avant la constitution. — Interdiction de la mise au porteur avant libération intégrale.

A la période constitutive dans laquelle nous nous plaçons, il ne s'agit que de rechercher si les statuts, contrairement à la loi, autorisent la négociation anticipée des actions ou leur conversion au porteur avant leur entière libération.

La procédure que nous conseillons comportant un dépôt des statuts au greffe du tribunal, il est facile de constater par une simple lecture que cette infraction n'a pas été commise. Quant aux faits qui pourraient se produire à une époque postérieure (par exemple une délibération qui, ultérieurement, convertirait au porteur des actions partiellement libérées et dont ce n'est pas le lieu ici de rechercher les conséquences), ils ne sont pas ici en question, et les commissaires ne seraient pas plus en mesure de les prévoir que l'autorité chargée de donner l'homologation.

Art. 9.

Vérification de souscription et de versement.

Tout ce qui concerne cet article a été épuisé à propos de l'article 3.

Art. 11.

Vérification des apports.

Nous arrivons ici au point de vue le plus délicat et le moins précis assurément, la valeur d'apports en nature étant à beaucoup de points de vue une valeur d'opinion. Mais ici encore le principe de l'expertise, surtout de l'expertise obligatoire, motive par lui seul, dans l'intérêt des actionnaires, un temps d'arrêt que la procédure d'homologation ne prolonge guère.

Qu'on ne perde pas de vue que l'expertise n'est qu'un moyen d'éclairer les actionnaires ; que ceux-ci demeurent toujours maîtres d'accepter les apports ou d'empêcher, en les refusant, la constitution de la société, enfin, conformément à l'heureuse innovation insérée dans le projet, de les réduire du consentement des apporteurs. C'est leur vote que le tribunal sera appelé à sanctionner, en constatant dans l'expertise une régularité de formes qui ne peut qu'ajouter à la force de l'acceptation de ses résultats par les actionnaires.

Art. 13.

Société d'apports.

Ici, comme l'expertise est obligatoire, aux termes mêmes du projet, les raisons exposées sur les articles 9 et 11 sont *a fortiori* applicables.

Art. 14 et 15.

Administrateurs.

Ici rien d'aléatoire ni de discutable.

Le fait que les administrateurs aient été ou non choisis parmi les associés, les conditions dans lesquelles ils ont été nommés par les statuts ou par l'assemblée, la durée de leurs fonctions dans un cas ou dans l'autre, la constatation de leur acceptation dans le procès-verbal de l'assemblée, toutes ces circonstances sont d'une constatation facile et qui ne comporte guère de divergences d'appréciations.

Nous avons parcouru le cercle de toutes les formalités irritantes attachées par la loi à la constitution des sociétés, qui ne deviennent des causes de nullité que pour avoir été négligées, et dont il nous paraît bien plus simple et plus équitable d'assurer l'accomplissement sous le contrôle d'une autorité supérieure et indépendante.

Après avoir ainsi rappelé sur quels objets devra porter l'homologation, il nous reste à rechercher quelle marche, quelle procédure devrait être suivie pour y parvenir, et enfin quels en seraient la portée et les effets.

Il semblerait, au premier abord, assez naturel que les divers actes de la période constitutive se passassent entre les parties, sauf l'intervention du président du tribunal, par la désignation des experts dans les divers cas prévus, et que celle du tribunal lui-même ne se plaçât qu'à la fin de cette période, dans la situation prévue par l'article 16, — là où cet article organise la revision confiée aux commissaires. Toutefois, il ne faut pas perdre de vue que certaines irrégularités qui doivent être évitées peuvent résulter des clauses des statuts contraires à la loi (notamment en ce qui touche la division du capital, la négociabilité des actions ou les conditions de la conversion des titres au porteur). Il serait fâcheux et contraire au but poursuivi que l'homologation dût être refusée, après que les autres formalités constitutives seraient suivies régulièrement. Fidèles en cela à la pensée de prévenir plutôt que de réprimer, nous estimons, à l'exemple de ceux qui ont proposé l'organisation de l'homologation judiciaire, que les statuts rédigés par les fondateurs devraient être préalablement déposés et soumis à une vérification au point de vue purement légal, ou pour mieux dire, au point de vue des clauses absolument interdites par la loi, tout le reste relevant exclusivement de la liberté des conventions. Dans le projet de loi qui termine son ouvrage déjà cité, M. Jacquand assujettit les fondateurs à la formalité du dépôt des statuts du parquet du procureur général, aucune formalité constitutive ne pouvant être suivie s'il n'a été délivré par le procureur général un certificat de non-opposition. D'après ce même projet, le certificat devrait être délivré ou refusé dans les deux jours. Le refus motivé serait soumis à un recours devant la Cour d'appel, dont la décision serait sujette à pourvoi en cassation.

En faisant intervenir le parquet, l'auteur de cette proposition nous semble perdre de vue les motifs qui lui ont fait donner la préférence pour tout le reste au tribunal de commerce auprès duquel ne fonctionne pas le ministère public. Pourquoi ne pas prescrire le dépôt des statuts au tribunal de commerce lui-même, qui donnerait le certificat de non-opposition ? C'est ce qui nous paraîtrait le plus logique. Ajoutons, dans une pensée de simplification et d'abréviation, que, s'agissant d'une pure application de dispositions légales, sans aucun mélange d'appréciation de fait, le refus ne devrait être soumis qu'au seul recours en cassation suivi dans des formes abrégées, telles, par exemple, que celles pratiquées en matière électorale.

Une fois le certificat de non-opposition donné, les opérations de la souscription et toute la série des formalités constitutives pourraient se suivre dans les formes ordinaires entre les parties, sauf la nomination, par le président du tribunal, des experts pour la vérification du versement et, en cas de besoin, pour celle des apports avec fixation d'un délai pour le dépôt du rapport des experts. Une fois toutes les formalités accomplies conformément aux articles 1 à 15, l'homologation serait poursuivie devant le tribunal de commerce à la diligence des administrateurs fondateurs ou de l'un d'eux dans un délai minimum de quinze jours à partir de la deuxième assemblée constitutive.

Cette demande serait rendue publique, à la diligence du greffe, par l'insertion au *Recueil officiel*, et les oppositions à l'homologation seraient recevables dans les quinze jours à dater de cette publicité.

Le jugement d'homologation, motivé, serait rendu dans la forme des jugements d'homologation de concordat ou de transaction, sur la production des diverses pièces propres à constater l'accomplissement des formalités légales.

Le tribunal pourrait entendre les opposants en chambre du conseil, et au besoin ordonner le renvoi à l'audience. Les oppositions seraient visées au jugement, qui ne serait pas susceptible d'appel.

Ainsi traitée, cette procédure ne serait pas de nature à allonger sensiblement la période constitutive, du moment surtout que le principe des expertises obligatoires est admis.

Il nous reste à caractériser les effets juridiques et la portée de la décision accordant et aussi de celle refusant l'homologation.

Quant à celle qui refuse l'homologation, elle ne saurait avoir, suivant nous, pour effet de rendre impossible à toujours pour l'avenir la constitution de la société projetée. La tentative pourra être recommencée à la condition de réparer l'omission ou de détruire l'irrégularité qui a motivé le refus d'homologation. Ce refus ne sera donc prononcé qu'en l'état et quant à présent.

Un peu plus difficile est de définir l'exacte portée du jugement d'homologation.

A ce point de vue nous serions portés à admettre une distinction.

En ce qui touche les diverses dispositions que nous avons successivement parcourues, hors les articles 11 et 13, nous estimons que, bien que rendu en matière encore plus gracieuse que contentieuse, le jugement d'homologation doit produire tous les effets de la chose jugée *erga omnes*. Le but de l'innovation serait manqué s'il était permis de remettre perpétuellement en question l'observation de formalités qu'après un mûr et minutieux examen, le tribunal, sur vu de pièces, et même sur vu d'expertise (article 9), a reconnu avoir été accomplies. Il y a de telles présomptions de vérité dans les résultats d'une semblable enquête, qu'il est sans inconvénient sérieux de les considérer comme définitivement acquis. En tout cas, la constitution sociale doit être à l'abri de tout ébranlement ultérieur à raison des faits vérifiés ; on ne comprendrait pas qu'une action en nullité pût survivre dans ces conditions. C'est aussi la conclusion que tirent MM. Thaller et Jacquand.

En ce qui touche les apports (articles 11 et 13), nous n'admettons pas des effets aussi absolus. Il ne s'agit plus là, en effet, d'une vérification de faits, de chiffres, de mentions, de formalités, mais d'une appréciation qui émane, somme toute, des actionnaires, à la condition que leur consentement ait été éclairé par une expertise dont le tribunal aura nommé les auteurs et dont il aura constaté l'exécution dans des conditions régulières.

De ce chef nous admettons bien qu'il puisse y avoir chose jugée empêchant que la prétendue exagération pût motiver l'action en rescision proposée par le projet et, à bon droit suivant nous, écartée par le Sénat ; mais nous réserverions, même après l'homologation, l'action pour cause de dol et de fraude conformément au deuxième paragraphe de l'article 12 du projet. Il en serait ainsi comme en matière de concordat, qui oblige tout le monde et ne peut plus être attaqué que pour dol découvert depuis l'homologation. Mais cette action pour dol, même accueillie par la justice, ne saurait entraîner que la responsabilité de ses auteurs et non la nullité de la société, ce qui va sans dire dans l'ordre d'idées où nous nous plaçons, mais en outre paraît admis par le projet lui-même, l'article 12 n'étant pas au nombre de ceux visés dans l'article 40 qui établit la sanction de nullité.

Tel est, retracé à grands traits, le système d'homologation judiciaire que nous avons décrit d'après les auteurs qui l'ont proposé, en indiquant seulement les points de détail sur lesquels nous nous séparions de leur manière de voir (1).

Nous ne pouvons pressentir quel sort lui est réservé dans les hautes sphères des pouvoirs législatifs. Nous l'estimons toutefois digne de la plus sérieuse attention. Le système des nullités constitutives qu'il est destiné à faire disparaître a donné d'assez regrettables résultats pour qu'il y ait lieu de prêter une oreille favorable aux réformes proposées. A une époque où le commerce devient plus que jamais international, et où il serait désirable que l'unité se fît dans la législation commerciale, les exemples qui nous viennent d'au delà des frontières ne sauraient non plus être négligés sans de très fortes raisons. Venues après la nôtre,

---

(1) Nous avons dû nous borner là quant à présent, trouvant téméraire de codifier un système dont le principe est encore à fixer. Il serait facile de le faire sur les bases générales indiquées ci-dessus.

la plupart des législations étrangères, éclairées par notre jurisprudence, par les controverses auxquelles elle a donné lieu, ont répudié le système répressif qui jusqu'ici avait prévalu chez nous, pour y substituer, dans des formes plus ou moins rapprochées du mécanisme judiciaire, le système préventif. Les voix qui appuient chez nous ce dernier principe seront, nous l'espérons, entendues.

17. Les administrateurs doivent être propriétaires d'un nombre d'actions déterminé par les statuts.

Ces actions sont affectées en totalité à la garantie de tous les actes de la gestion, même de ceux qui seraient exclusivement personnels à l'un des administrateurs.

Elles sont nominatives, inaliénables, frappées d'un timbre indiquant l'inaliénabilité, et déposées dans la caisse sociale.

Cet article fait retour à la question des administrateurs, qu'à l'exemple de la loi de 1867, le projet assujettit à un dépôt de garantie en actions de la société.

On a fait remarquer avec raison que le défaut de toute fixation d'un minimum déterminé par la loi est de nature à rendre cette précaution peu efficace et en quelque sorte illusoire, les statuts pouvant n'exiger de chaque administrateur qu'une ou deux actions. D'un autre côté, la fixation légale d'un minimum élevé se heurterait à l'inconvénient, signalé plus haut, d'écarter certaines capacités ne pouvant ou ne voulant engager de capitaux dans l'affaire.

Il nous semble que les deux intérêts en présence pourraient se concilier :

1° Par la fixation légale d'un nombre d'actions répondant à une certaine proportion du capital social, nombre qui se répartirait entre les divers administrateurs désignés par portion virile ;

2° Par la reconnaissance de la faculté, qui a été quelquefois contestée, pour les administrateurs, d'emprunter le nombre d'actions voulu pour le dépôt de garantie.

De cette manière on éviterait, ce qui se voit trop souvent dans la pratique, que les intérêts des administrateurs ne fussent pas les mêmes que ceux de la société.

18. Il est tenu, chaque année au moins, une assemblée générale à l'époque fixée par les statuts. Les statuts déterminent le nombre d'actions qu'il est nécessaire de posséder, soit à titre de propriétaire, soit à titre de mandataire, pour être admis dans l'assemblée, et le nombre de voix appartenant à chaque actionnaire, eu égard au nombre d'actions dont il est porteur.

Néanmoins, dans les assemblées générales appelées à vérifier les apports, à nommer les premiers administrateurs et à vérifier la sincérité de la déclaration des fondateurs prescrite par l'article 3, tout actionnaire, quel que soit le nombre des actions dont il est porteur, peut prendre part aux délibérations avec le nombre de voix déterminé par les statuts, sans qu'il puisse être supérieur à dix.

L'assemblée générale doit être convoquée chaque fois que la demande en est faite par les actionnaires, représentant la moitié, au moins, du capital social.

19. Dans toutes les assemblées générales, les délibérations sont prises à la majorité des voix.

Il est tenu une feuille de présence; elle contient les noms et domicile des actionnaires et le nombre d'actions dont chacun d'eux est porteur.

Cette feuille, certifiée par le bureau de l'assemblée, est déposée au siège social et doit être communiquée à tout requérant.

20. Les assemblées générales, qui ont à délibérer dans les cas autres que ceux qui sont prévus par les deux articles qui suivent, doivent être composées d'un nombre d'actionnaires représentant le quart au moins du capital social.

Si l'assemblée générale ne réunit pas ce nombre, une nouvelle assemblée est convoquée dans les formes et délais prescrits par les statuts, et elle délibère valablement, quelle que soit la valeur du capital représenté par les actionnaires présents.

21. Les assemblées qui ont à délibérer sur la sincérité de la déclaration faite par les fondateurs, sur la vérification des apports

Ces quatre articles, qui reproduisent, à très peu de chose près, les dispositions de la loi actuelle, ne donnent pas matière à de nombreuses observations.

Lors de la discussion du projet au Sénat, une proposition de M. Tolain tendant à entourer de certaines garanties la tenue des assemblées et la rédaction des procès-verbaux, a été écartée. On ne peut méconnaître, cependant, que, notamment en ce qui touche ce dernier point, la fidélité de reproduction des termes et du sens des résolutions prises n'a guère d'autre garantie que la conscience et la probité des membres du bureau qui rédigent le procès-verbal, la lecture de ce procès-verbal à l'assemblée suivante n'étant pas en général faite dans des conditions qui rendent facile un contrôle efficace. De là, dans diverses législations étrangères, certaines précautions inconnues dans la nôtre, telles que le dressé des procès-verbaux en forme judiciaire ou notariée et l'insertion au registre de commerce (loi allemande), ou la signature par les actionnaires (loi belge). On a aussi proposé le dépôt au greffe des délibérations les plus importantes. Aucune de ces innovations n'a passé dans le projet, et il faut convenir que la constitution et le fonctionnement des sociétés anonymes sont déjà si compliqués de formalités, qu'il y a quelque intérêt à ne pas les multiplier sans nécessité absolue.

En revanche, nous pensons qu'il serait utile de prescrire dans la loi elle-même que les convocations pour les assemblées générales extraordinaires fussent accompagnées d'ordres du jour indiquant avec précision l'objet ou les objets de la réunion, et ce à peine de nullité de la délibération à intervenir.

On a fait observer enfin avec raison que

en nature, sur la nomination des premiers administrateurs et des commissaires, doivent être composées d'un nombre d'actionnaires représentant la moitié au moins du capital social.

Le capital social, dont la moitié doit être représentée pour la vérification desdits apports, se compose seulement des apports non soumis à cette vérification.

Si l'assemblée générale ne réunit pas un nombre d'actionnaires représentant la moitié de ce capital, elle ne peut prendre qu'une délibération provisoire. Dans ce cas, une nouvelle assemblée générale est convoquée. Deux avis publiés à huit jours d'intervalle, au moins un mois à l'avance, dans le *Bulletin des sociétés*, font connaître aux actionnaires les résolutions provisoires adoptées par la première assemblée, et ces résolutions deviennent définitives si elles sont approuvées par la nouvelle assemblée, composée d'un nombre d'actionnaires représentant le cinquième au moins de ce même capital.

pour les sociétés de province, l'insertion des deux avis à adresser aux actionnaires au cas de délibérations provisoires prises par l'assemblée insuffisamment composée serait plus efficace, faite dans un journal local que dans le *Recueil officiel des sociétés* qui aura peu de chances de tomber dans les mains des intéressés. Il n'y aurait qu'avantage à cumuler les deux modes de publicité.

22. Les dispositions des paragraphes 1 et 3 de l'article précédent sont applicables aux assemblées qui ont à délibérer sur les modifications qu'elles ont droit d'apporter aux statuts.

23. L'assemblée générale peut modifier les statuts de la société, si cette modification est autorisée par les statuts.

Sauf dispositions contraires, expressément insérées dans les statuts, l'assemblée générale ne peut :

1° Augmenter ou diminuer le chiffre du capital social ;

2° Prolonger ou réduire la durée de la société ;

3° Changer la quotité de la perte qui rend la dissolution obligatoire ;

4° Décider la fusion avec une autre société ;

5° Modifier le partage des bénéfices.

A défaut de clause expresse dans les statuts, les actes prévus aux deux paragraphes précédents seront valables, s'ils ont été faits avec le consentement unanime des actionnaires.

Dans aucun cas l'assemblée générale ne peut changer l'objet essentiel de la société.

Les deux articles 22 et 23 visent les modifications aux statuts.

Le premier applique aux assemblées réunies pour modifier les statuts les dispositions finales de l'article 21 qui, au cas où une assemblée convoquée dans ce but n'aurait pu fonctionner faute de réunir la moitié du capital, réduit la présence nécessaire à la représentation du cinquième seulement de ce capital dans une seconde assemblée précédée de deux avis à huit jours d'intervalle. C'est un moyen de sortir d'un impasse, qu'avait négligé la loi du 24 juillet 1867 et qu'il y a lieu d'approuver.

Quant à l'article 23, beaucoup plus important, il définit les pouvoirs des assemblées générales en matière de modifications des statuts. Lorsque ces modifications, si graves qu'elles soient, ont été expressément prévues et autorisées par les statuts, l'assemblée peut tout faire, pourvu qu'elle réunisse la moitié au moins du capital social, et cela à la simple majorité. Mais que fallait-il décider dans le silence de la convention statutaire, ou lorsque, sans rien spécifier, elle prévoit et permet d'une manière générale la modification des statuts ?

Le projet du gouvernement, tel qu'il a été amendé par le Sénat, exige une autorisation expresse pour les cinq modifications suivantes : 1° augmentation ou diminution du capital social ; 2° prolongation ou réduction de la durée de la société ; 3° changement (1) de la quotité de la perte rendant la dissolution obligatoire ; 4° fusion avec une autre société ; 5° modification du partage des bénéfices. Quant à la clause générale plus ou moins de style qui se bornerait à prévoir la mo-

---

(1) Le rapport de la Cour de Cassation dit avec raison *élévation* au lieu de changement.

dification des statuts, elle n'autorise l'assemblée générale qu'aux modifications d'importance plus ou moins secondaire ne rentrant pas dans un des cinq cas ci-dessus énumérés. Mais, différent en cela du projet primitif, le projet du Sénat exige cette clause générale même pour les modifications secondaires, tandis que le projet les validait dans le silence des statuts.

D'autre part, le Sénat, après avoir subordonné la validité des cinq modifications d'importance capitale à une prévision *expresse* dans les statuts, admet toutefois, même en l'absence de la clause générale, la possibilité des deux dernières modifications énumérées : à savoir la fusion et les changements au partage des bénéfices, à la condition du consentement unanime des associés.

Enfin, les deux projets sont d'accord pour interdire en tout cas, et quels que soient les termes des statuts, le changement de l'objet essentiel de la société.

Tel est le système inspiré par une jurisprudence prédominante sous l'empire de la loi de 1867 (bien que, notamment en matière de réduction de capital, elle soit loin d'être unanime).

Il nous est difficile de nous joindre à la Cour suprême pour en approuver la rigueur peu conforme aux besoins essentiellement variables et sujets à se modifier de l'industrie et du commerce, et nous nous rangeons aux raisons fortement déduites données par les adversaires de ce système (1).

Nous estimons que le silence des statuts doit s'interpréter dans le sens de la liberté de modification par les assemblées générales constituées confor-

---

(1) Voir not. Jacquand, *Examen critique*, qui cite des exemples très frappants (p. 140 à 158).

mément aux articles 21 et 22, même lorsqu'il s'agit des modifications exceptionnellement graves prévues à l'article 23, la même liberté existant *a fortiori* lorsque, d'une manière générale, les statuts organisent le droit de modification.

Dans ce système, il ne peut plus être question de cas obligatoire d'unanimité, aquelle répugne à l'idée même des sociétés anonymes où la majorité ne saurait être mise à la merci d'une minorité infime, inintelligente ou malhonnête, dont il n'y a qu'à subir les exigences ou à acheter l'abstention. La majorité fera loi.

Toutefois, pour tempérer les conséquences du système de liberté que nous appuyons, nous admettrions, à titre de transaction, que pour les cinq cas indiqués au texte et spécialement graves, une majorité plus forte que la majorité simple fût exigée; celle des trois quarts, par exemple, à l'instar des lois italienne, belge et allemande, pourrait être adoptée. Enfin, certaines des modifications dont s'agit, notamment l'augmentation du capital social, devraient être assujetties à des mesures de publicité, et les droits acquis aux tiers réservés.

Ce qu'il nous paraît important d'éviter c'est : 1° l'impuissance absolue d'une société, enserrée dans des statuts mal faits ou devenus dangereux, pour sortir de l'impasse où elle se trouve; 2° en aucun cas, la tyrannie d'une infime minorité opprimant la majorité.

Ajoutons que si la rigueur du projet est maintenue, elle sera infailliblement déjouée par la précaution de mettre dans les statuts originaires des clauses prévoyant les divers cas de modifications graves, et qui y deviendront de style.

24. L'assemblée générale annuelle désigne un ou plusieurs commissaires, associés ou non, chargés de faire un rapport à l'assemblée générale de l'année suivante sur la situation de la société, sur le bilan et sur les comptes présentés par les administrateurs.

Les administrateurs ne peuvent prendre part au vote pour la nomination des commissaires.

La délibération contenant approbation du bilan et des comptes est nulle, si elle n'a été précédée du rapport des commissaires.

A défaut de nomination des commissaires par l'assemblée, ou en cas d'empêchement ou de refus d'un ou de plusieurs des commissaires nommés, il est procédé à leur nomination ou à leur remplacement par ordonnance du président du tribunal de commerce du siège de la société, à la requête de tout intéressé, les administrateurs dûment appelés.

25. Pendant le trimestre qui précède l'époque fixée par les statuts pour la réunion de l'assemblée générale, les commissaires ont droit, toutes les fois qu'ils le jugent convenable, dans l'intérêt social, de prendre communication des livres et d'examiner les opérations de la société.

Ils peuvent toujours, en cas d'urgence, convoquer l'Assemblée générale.

26. Toute société anonyme doit dresser, chaque semestre, un état sommaire de sa situation active et passive.

Cet état est mis à la disposition des commissaires.

Il est, en outre, établi chaque année, conformément à l'article 9 du Code de commerce, un inventaire contenant l'indication des valeurs mobilières et immobilières et de toutes les dettes actives et passives de la société.

L'inventaire, le bilan et le compte des profits et pertes sont mis à la disposition des commissaires un mois au plus tard avant l'assemblée générale. Ils sont présentés à cette assemblée.

27. Quinze jours au moins avant la réu-

Les articles 24 à 28, qui reproduisent en très grande partie les prescriptions de la loi ancienne, ne nous paraissent suggérer aucune observation importante.

Un amendement, proposé par la Cour de Cassation, demande le dépôt de dix exemplaires du rapport des administrateurs. Cela ne peut que faciliter le contrôle des actionnaires, et dès lors réalise une amélioration.

Dans un ordre d'idées qui nous paraît découler logiquement de la pensée qui a inspiré les articles 9, 10, 11 et 16 du projet, nous estimons que, même pour les comptes annuels, il devrait appartenir à un groupe d'actionnaires représentant le quart au moins du capital social de provoquer une expertise pour contrôler le rapport des commissaires.

Cette expertise que, dans ce cas, nous admettons pouvoir rester facultative dans les termes indiqués ci-dessus, serait semblable d'ailleurs à celles prévues aux articles susvisés, en ce sens que la nomination des experts appartiendrait au Président du Tribunal de Commerce.

nion de l'assemblée générale, tout actionnaire peut prendre, au siège social, communication de l'inventaire et de la liste des actionnaires et se faire délivrer copie du bilan résumant l'inventaire, et du rapport des commissaires.

Le rapport des administrateurs doit être déposé au siège social, trois jours avant l'assemblée générale, et chaque actionnaire peut en prendre communication.

28. Il est fait annuellement, sur les bénéfices nets, un prélèvement d'un vingtième au moins, affecté à la formation d'un fonds de réserve.

Ce prélèvement cesse d'être obligatoire lorsque le fonds de réserve a atteint le dixième du capital social.

29. Les statuts peuvent déclarer que des intérêts seront payés aux actionnaires, même en l'absence de bénéfices, sous les conditions suivantes :

1° Que le taux de ces intérêts ne puisse pas dépasser 5 pour 100 des sommes versées ;

2° Que ce prélèvement ne puisse avoir lieu que pendant la période de premier établissement, dont le terme est fixé par les statuts, sans pouvoir être dépassé ;

3° Que cette clause des statuts soit rendue publique.

Aucune répétition d'intérêts ne peut être exercée que s'il a été contrevenu aux dispositions qui précèdent.

L'action en répétition, dans le cas où elle est ouverte, se prescrit par cinq ans, à compter du jour fixé pour le payement des intérêts.

Par l'article 29, le projet sanctionne et régularise une pratique aujourd'hui fort répandue et qui est de presque nécessité quand il s'agit d'entreprises de longue haleine, pour lesquelles la période de premier établissement est nécessairement de longue durée. Cette mesure a été généralement approuvée.

30. Aucune répétition de dividende ne peut être exercée contre les actionnaires, si ce n'est dans le cas où la distribution aura été faite en l'absence de tout inventaire, ou en dehors des résultats constatés par l'inventaire.

L'action en répétition, dans le cas où elle est ouverte, se prescrit par cinq ans, à partir du jour fixé pour la distribution des dividendes.

La disposition de l'article 30 ne fait que reproduire celle de l'article 20, §§ 3 et 4 de la loi de 1867. Elle ne prête à aucune observation particulière.

31. Dans le cas où les sociétés ont continué à payer les intérêts ou dividendes des actions, obligations, ou tous autres titres remboursables par suite d'un tirage au sort, elles ne peuvent répéter ces sommes, lorsque le titre est présenté au remboursement.

Cet article a été jugé nécessaire pour consacrer un principe d'équité qu'en l'absence de tout texte la jurisprudence s'était jusqu'ici refusée à reconnaître. La faute de la société, qui ne s'est pas aperçue du remboursement du capital, est plus caractérisée que celle du porteur; d'ailleurs, elle a profité des intérêts du capital qu'elle aurait dû rembourser; elle ne peut cumuler cette jouissance avec la perception des fruits (1).

---

(1) Rapport présenté à la Cour de Cassation, par M. le C^{or} Monod.

32. Les formalités et conditions prévues pour la constitution de la société sont applicables à toute augmentation du capital social.

On a vu plus haut dans quelles conditions, suivant nous trop étroites, les sociétés étaient autorisées à augmenter leur capital.

La disposition de l'article 32 soumettant les augmentations de capital aux conditions exigées pour la constitution de la société, ne fait que consacrer des errements consacrés par la jurisprudence actuelle.

Cette assimilation entraînerait l'application aux augmentations de capital de l'homologation judiciaire que nous avons proposée plus haut (Art. 16) pour la vérification des formalités constitutives.

Parmi ces conditions figure, comme on le verra plus haut, celle de la publicité.

Certaines législations (allemande et italienne) ne considèrent comme valables les augmentations de capital que lorsque le capital ancien est entièrement libéré.

Le Projet ne s'explique pas sur ce point, et l'on voit par le Rapport présenté au Sénat par M. Bozérian que cette omission est voulue et que la conséquence de ce silence est l'absence de toute restriction fondée sur la non complète libération de l'ancien capital. Ce parti nous semble le plus sage.

33. Il est interdit aux sociétés d'acheter leurs propres actions, sauf dans les cas suivants :

1° Lorsque le rachat est fait pour un amortissement prévu par les statuts ;

2° Lorsque le rachat se faisant en vue d'une réduction du capital social, toutes les conditions et formalités prescrites pour cette réduction ont été remplies.

Les titres d'actions ainsi achetés par une société doivent être annulés.

La nullité des achats faits contrairement aux dispositions du présent article ne peut être prononcée qu'autant que le vendeur a été de mauvaise foi.

Cet article a pour but de régler la question, souvent agitée, du droit pour une société de racheter ses propres actions.

Le projet part de cette idée juste que cette opération, illicite lorsqu'elle porte atteinte au droit des tiers (comme par exemple lorsque le remboursement est fait avec le capital ou porte sur des actions non libérées, diminuant ainsi les ressources de la société sur lesquelles ont dû compter ceux qui ont traité avec elle), peut être permise, au contraire, lorsque ces droits des tiers ne souffrent pas d'atteinte. En conséquence, il fixe limitativement les cas où le rachat sera licite.

Le projet, amendé par le Sénat, n'en comporte que deux : 1° le cas où le rachat est fait pour un amortissement prévu par les statuts ; 2° celui où, le rachat se faisant en vue d'une réduction du capital social, toutes les conditions et formalités prescrites pour cette réduction ont été observées (voir l'article 23).

A ces deux cas, le projet primitif en ajoutait un troisième, que la Cour de Cassation propose de rétablir dans l'article 33 par voie d'amendement : « Le rachat d'actions libérées à l'aide des fonds en réserve, excédant la réserve statutaire. »

Nous ne voyons pas d'objection à cette addition qui a été généralement approuvée par la critique. Dans bien des cas, le rachat d'actions peut être pour la société un moyen très utile et presque nécessaire de défense contre les manœuvres d'entreprises rivales qui tenteraient de déprécier ses titres en les jetant en masse sur le marché, et l'on ne voit pas pourquoi on lui interdirait d'employer à ce rachat des excédents de réserve, que ni la loi ni ses statuts ne lui imposent l'obligation de conserver.

En ajoutant avec le projet originaire cette troisième catégorie de rachats licites, le rapport présenté par la Cour suprême propose que les actions rachetées dans ces conditions soient dispensées de l'annulation que prescrit l'article 33 pour les deux autres cas, et il admet que ces actions pourront être comptées au point de vue du nombre nécessaire à la composition de certaines assemblées, mais sans droit de vote. Il nous semble plus logique de mettre sur le même pied toutes les actions rachetées, en disant qu'elles devront être annulées sans distinction.

L'article 33 serait utilement complété par une disposition qui soumettrait à une publicité les réductions de capital social non prévues aux statuts.

L'auteur de l'intéressant travail que nous avons déjà cité plusieurs fois, M. Jacquand conclut à la prohibition à faire aux sociétés : 1° du report de leurs titres ; 2° du prêt sur nantissement de ces mêmes titres, lorsque ces opérations portent sur des actions non libérées.

Ces questions n'avaient pas échappé à l'attention des préparateurs de la loi, qui n'ont pas cru devoir les trancher, en laissant à la jurisprudence le soin de rechercher, suivant les cas, si ces opérations équivalent à un rachat ou en présentent les dangers.

Ce parti est peut-être plus prudent. On lira néanmoins avec intérêt les observations développées dans l'ouvrage cité p. 175 et suivantes.

34. Les administrateurs qui, hors des cas prévus par l'article précédent, ont fait ou autorisé les achats, sont dans tous les cas responsables envers la société des conséquences de cette opération.

Cet article est une sanction du précédent. Il rend les administrateurs responsables des rachats qui auraient été faits ou autorisés par eux, contrairement aux règles tracées par la loi.

35. Il est interdit aux administrateurs de prendre ou de conserver un intérêt direct ou indirect dans une entreprise ou dans un marché fait avec la société ou pour son compte, à moins qu'ils n'y soient autorisés nominativement et expressément pour chaque affaire par l'assemblée générale.

Il est, chaque année, rendu à l'assemblée générale un compte spécial de l'exécution des marchés ou entreprises par elle autorisés aux termes du paragraphe précédent.

L'article 35 reproduit en partie l'article 40 de la loi du 24 juillet 1867, qui interdisait aux administrateurs d'une société anonyme de prendre ou de conserver un intérêt dans les entreprises ou marchés fait avec la société. Mais, frappé des abus qui ont pu se produire sous l'empire de l'ancienne loi qui relevait les administrateurs de cette prohibition à la condition d'une autorisation générale donnée par l'assemblée des actionnaires, le nouvel article exige une autorisation, à la fois *nominative* pour chaque administrateur et *expresse* pour chaque affaire.

Cette innovation nous paraît devoir être approuvée.

36. Les administrateurs sont responsables, conformément aux règles du droit commun, individuellement ou solidairement suivant le cas, envers la société ou envers les tiers, soit des infractions aux dispositions de la présente loi, soit des fautes qu'ils auraient commises dans leur gestion, notamment en distribuant ou en laissant distribuer sans opposition des dividendes fictifs.

L'étendue et les effets de la responsabilité des commissaires envers la société sont déterminés par les règles générales du mandat.

Cet article reproduit les dispositions de l'article 44 de la loi de 1867, qui elles-mêmes faisaient application d'un principe de droit commun. Il appelle peu d'observations.

En ce qui touche les commissaires, nous rappelons que le projet d'homologation judiciaire présenté plus haut est de nature à diminuer la responsabilité des commissaires aux apports qui opèrent pendant la période constitutive; mais le principe et les causes de responsabilité subsistent tout entiers, en ce qui concerne les commissaires aux comptes annuels.

37. Des actionnaires représentant le vingtième au moins du capital social peuvent, dans un intérêt commun, charger à leur frais un ou plusieurs mandataires de soutenir collectivement, tant en demandant qu'en défendant, une action contre les administrateurs ou les commissaires, et de les représenter, en ce cas, en justice, sans préjudice de l'action que chaque actionnaire peut intenter individuellement en son nom personnel.

L'article 37 emprunte à l'article 17, de la loi de 1867, la disposition relative au droit d'action collective accordé aux groupes d'actionnaires représentant le vingtième au moins du capital social, droit distinct de celui d'action individuelle appartenant à chaque actionnaire.

La Cour de Cassation propose, par un amendement analogue à celui déjà proposé par elle sur l'article 6, de compléter les pouvoirs des mandataires choisis par les actionnaires coalisés en ajoutant que, « sauf stipulation contraire, les mandataires auront le pouvoir de saisir toutes les juridictions sans nouveau mandat et de recevoir la signification des jugements et arrêts rendus par chacune d'elles. » Le Tribunal se range à cet avis.

38. En cas de perte des trois quarts du capital social, les administrateurs sont tenus de provoquer la réunion de l'assemblée générale de tous les actionnaires à l'effet de statuer sur la question de savoir s'il y a lieu de prononcer la dissolution de la société.

La résolution de l'assemblée est, dans tous les cas, rendue publique.

A défaut par les administrateurs de réunir l'assemblée générale, comme dans le cas où cette assemblée n'aurait pu se constituer régulièrement, tout intéressé peut demander la dissolution devant les tribunaux.

Dans cette assemblée, tout actionnaire, quel que soit le nombre des actions dont il est porteur ou qu'il représente, ne peut avoir plus de dix voix.

Cet article reproduit les dispositions de l'article 37 de la loi de 1867.

La proportion des trois quarts du capital social ne prête pas à la critique dans son principe ; mais on a fait remarquer avec raison que rien n'est plus difficile parfois que de déterminer dans quelle mesure une société qui a employé et engagé son capital dans diverses entreprises peut être convaincue de l'avoir perdu.

39. La dissolution peut être prononcée sur la demande de toute partie intéressée, lorsqu'un an s'est écoulé depuis l'époque où le nombre des associés est réduit à moins de sept.

C'est la dissolution facultative, telle qu'elle était organisée par l'article 4 de la loi de 1867, au cas de réduction du nombre des associés au-dessous de sept. Nous nous sommes déjà expliqués à cet égard sur l'article 2.

40. Est nulle et de nul effet à l'égard des intéressés toute société constituée contrairement aux dispositions des articles 2, 3, 5, 9, 10, 11, 13, 14, 15.

Sont également nuls tous actes et délibérations ayant pour objet l'augmentation du capital social, effectués contrairement à l'article 32.

Ces nullités ne peuvent être opposées aux tiers par les associés.

Nous avons déjà fait de fréquentes allusions à cet article, en parcourant le cercle des dispositions à l'infraction desquelles il attache la peine rigoureuse de la nullité, en indiquant notre préférence pour un système propre à en prévenir l'éventualité à l'aide de l'homologation judiciaire.

Ce que nous avons dit à ce sujet a suffi pour établir l'opinion du tribunal sur le système des nullités en retour, système bien plus spoliateur que réparateur, comme on l'a dit, avec raison selon nous. Et, s'il faut bien le dire, ce n'est pas seulement dans ses conséquences, mais dans sa théorie elle-même que ce système nous paraît excessif. Il nous répugne d'admettre, en pure raison, que le défaut de versement de 100 francs sur un million représentant le quart de la souscription à une société au capital de 4 millions de francs, vicie cette société dans son essence et n'ait d'autre remède qu'une nullité absolue, s'imposant au juge comme aux parties, et devant être impitoyablement appliquée, dût-elle ne faire qu'ajouter des ruines à des ruines.

Nous n'insisterons pas, tout ayant été dit pour et contre sur cette matière, nous bornant à faire remarquer que le système de l'homologation préalable auquel nous nous sommes ralliés, qui couvre toutes les nullités constitutives (sauf l'action pour dol et fraude en ce qui touche les apports, qui elle-même n'a pas pour conséquence la nullité), ôte tout objet à l'article 40. Dans cette manière de voir l'article 40 est purement et simplement à effacer.

Nous devons toutefois prévoir le cas où le système préventif serait écarté, où l'observation des formalités constitutives serait abandonnée aux parties, avec la seule garantie de la revision confiée aux commissaires sous leur responsabilité, conformément à l'article 16 du projet.

On sait que la thèse des nullités dirimantes et absolues a été combattue à un autre point de vue que celui auquel nous nous sommes placés, au profit d'une thèse moins radicale qui permettrait au juge d'apprécier l'importance et les conséquences dommageables de l'omission de telle ou telle formalité et d'appliquer ou non la nullité. C'est la théorie de l'*annulabilité* pure et simple.

Ce que nous avons dit de la théorie des nullités suffit pour faire pressentir notre opinion. Si le procédé, indiqué pour prévenir de telles infractions et tarir absolument la source des critiques rétrospectives auxquelles elles peuvent donner lieu, n'est pas admis, nous nous rallierons sans hésiter au système de l'*annulabilité* à la discrétion du juge.

En ce sens, purement subsidiaire à nos conclusions principales, l'article 40 pourrait être maintenu avec cette seule modification des mots : « *Est nulle et de nul effet.* » Ceux-ci : « *Peut être déclarée nulle et de nul effet.* »

41. Lorsque la nullité de la société a été prononcée pour la violation des prescriptions, imposées aux fondateurs par la présente loi, ceux-ci sont solidairement responsables à l'égard des tiers ou des actionnaires du dommage résultant de cette annulation.

La même responsabilité solidaire peut être appliquée contre les administrateurs en fonctions, au moment où la nullité a été encourue, contre les commissaires qui n'ont pas procédé à la vérification prescrite par l'article 16, et contre ceux des associés dont les apports ou les avantages n'ont pas été vérifiés et approuvés conformément aux articles 10, 11 et 13.

Nous ne pouvons qu'approuver en principe l'innovation, depuis longtemps réclamée par l'opinion, que consacre l'article 41 du projet, en limitant à la réparation du dommage résultant de l'annulation soit la responsabilité obligatoire des fondateurs en cas de nullité, soit la responsabilité facultative et abandonnée à l'appréciation des tribunaux pour l'administrateur en fonctions au moment de la nullité encourue, les commissaires en faute d'avoir appliqué l'article 16, et les apporteurs dont les apports ou avantages n'ont pas été régulièrement vérifiés. Par là le projet écarte le principe de la responsabilité du passif social tout entier. Cette dernière règle, qui s'était établie non sans difficulté, en jurisprudence, comme une conséquence de la société de fait survivant à la société annulée, était généralement considérée comme trop rigoureuse, en même temps qu'il était rare que toutes les conséquences du principe pussent être tirées. Que de fois n'avons-nous pas vu des déclarations de responsabilité pour des sommes énormes tomber dans le vide de l'insolvabilité !

Nous ajouterons à notre approbation deux remarques.

D'une part, nous inclinerions à voir également déclarer facultative la responsabilité solidaire des fondateurs eux-mêmes.

D'autre part nous ferons remarquer que cet article perdrait une très grande partie de son intérêt si le système préventif que nous appuyons était adopté.

Toute nullité constitutive et dirimante disparaissant, il ne pourrait plus s'agir que d'actes postérieurs pour lesquels la responsabilité ne peut être évidemment que relative et personnelle.

42. Lorsque la nullité de la société est prononcée pour l'une des causes prévues par la présente loi, les actionnaires restent soumis à l'obligation d'opérer les versements non effectués sur le montant de leurs actions, et les créanciers sociaux conservent vis-à-vis des créanciers personnels des associés un droit de préférence sur tout l'actif social qui pourra être réalisé.

L'article 42 pose une règle déjà appliquée par la jurisprudence qui maintient, même en cas de nullité, l'obligation pour les actionnaires de compléter le versement de leur mise, alors du moins qu'il existera un passif social à éteindre.

L'article explique que d'ailleurs les versements encore à faire faisant partie du patrimoine personnel des associés au moment de la déclaration de nullité, les créanciers sociaux ne sont investis d'aucun droit de préférence sur les portions de mises encore dues vis-à-vis des créanciers personnels des associés, tandis qu'ils sont préférés à ces derniers sur l'actif social déjà réalisé, point sur lequel le projet du gouvernement, en parlant d'actif *réalisé*, s'exprimait plus clairement que la rédaction du Sénat, qui, en parlant de l'*actif qui pourra être réalisé*, prête à l'équivoque.

C'est aussi ce que pense la Cour de Cassation.

43. L'action en nullité de la société et l'action en responsabilité qui résulte de cette nullité ne sont plus recevables trois ans après le jour où la nullité a été encourue, lorsque avant l'introduction de la demande la cause de nullité a cessé d'exister.

Lorsque les causes de nullité des actes ou délibérations sont postérieures à la constitution de la société, les actions ne sont plus recevables trois ans après le jour où la nullité a été encourue.

Cet article, plus encore que les précédents, perdrait la plus grande partie de son intérêt si le système de l'homologation judiciaire était admis. Elle rendrait, en effet, sans objet la distinction faite par l'article 43 entre l'action en nullité pour vice constitutif, déclarée prescriptible par trois ans, seulement au cas où la nullité a cessé d'exister au moment de la demande et ce à partir du jour où la nullité a été encourue, (le droit commun restant applicable en cas de non réparation) et l'action dont la cause serait postérieure à la constitution, déclarée, même si elle n'a pas été réparée, prescriptible dans un délai de trois ans, du jour de la nullité.

Dans notre système, en effet, les nullités constitutives disparaissant, il ne pouvait plus s'agir que de nullité d'acte ou délibérations postérieurs. Dans ce cas s'appliquerait, sans distinction la prescription de trois ans du jour de la nullité encourue.

Pour le cas où le système préventif ne serait pas admis, nous avouons que, indépendamment de la difficulté qu'il pouvait y avoir, dans bien des cas, à reconnaître quand et comment la nullité a cessé d'exister, la première partie de l'article nous paraît avoir le défaut d'encourager les intéressés à dissimuler les irrégularités, de peur que la réparation elle-même ne suscitât des demandes qui pourraient encore être introduites utilement, si trois ans ne s'étaient pas écoulés depuis la nullité encourue.

Sauf peut-être à allonger un peu le délai, nous préférerions le point de départ unique de la nullité.

44. Dans le cas de mise en vente publique d'actions non ordonnée par justice, les affiches prospectus, insertions dans les journaux, circulaires, ainsi que les bulletins de souscription ou d'achat, doivent contenir les énonciations prévues en l'article 4 et, en outre, la date de l'assemblée constitutive de la société, ou, si le capital a été augmenté, la date de l'assemblée générale qui a voté cette augmentation, et le montant par action de la somme restant à verser.

Les dispositions du dernier paragraphe de l'article 4 sont également applicables dans ce cas.

Cet article n'appelle pas d'observations particulières.

Il déduit une conséquence naturelle des dispositions nouvelles de l'article 4.

45. Les sociétés anonymes autorisées actuellement existantes continuent à être soumises, pendant toute leur durée, aux dispositions qui les régissent,

Elles peuvent se transformer en sociétés anonymes dans les termes de la présente loi, en obtenant l'autorisation du gouvernement et en observant les formes prescrites pour la modification de leurs statuts.

Les sociétés à responsabilité limitée et les sociétés anonymes constituées conformément à la loi du 24 juillet 1867, peuvent se convertir en sociétés anonymes dans les termes de la présente loi, en re conformant aux conditions stipulées pour la modification de leurs statuts.

Rien à dire sur les deux premiers alinéas de cet article transitoire exclusivement consacré aux sociétés autorisées constituées avant la loi de 1867.

Le dernier est plus intéressant; mais c'est surtout sur l'article 109, relatif aux effets rétroactifs de la loi, que trouveront place certaines observations, particulièrement en ce qui touche l'application rétroactive de l'article 23.

TITRE II

DES SOCIÉTÉS EN COMMANDITE PAR ACTIONS

46. Les dispositions du titre précédent sont applicables aux sociétés en commandites par actions, sous les exceptions et modifications qui suivent.

47. Les obligations imposées aux fondateurs et aux administrateurs des sociétés anonymes seront remplies par le gérant.
Toutefois l'article 17 ne lui est pas applicable.

48. Un conseil de surveillance composé de trois actionnaires au moins est établi dans chaque Société en commandite par actions.
Ce conseil est nommé par l'assemblée générale des actionnaires immédiatement avant toute opération sociale.
Il est soumis à la réélection aux époques et suivant les conditions déterminées par les statuts.
Toutefois, le premier conseil n'est nommé que pour une année.
La société est constituée à partir de l'acceptation des membres désignés pour faire partie du conseil de surveillance.
Ce premier conseil doit, immédiatement après sa nomination, vérifier si toutes les dispositions de la loi ont été observées, et procéder comme il est dit à l'article 16.

49. Les membres du conseil de surveillance n'encourent aucune responsabilité en raison des actes de leur gestion et de leurs résultats.
Chaque membre du conseil de surveillance est responsable de ses fautes personnelles dans l'exécution de son mandat, conformément aux règles du droit commun.
Les membres du conseil de surveillance ne sont pas civilement responsables des délits commis par le gérant (1).

---

(1) La Cour de Cassation a proposé, avec raison, de substituer à la rédaction de ce dernier paragraphe celle-ci : « *Les membres du Conseil de surveillance ne peuvent pas être poursuivis*

TITRE II

DES SOCIÉTÉS EN COMMANDITE PAR ACTIONS

Les articles 46 à 54 règlent la matière des sociétés en commandite par actions, et ils reproduisent en grande partie les articles 7, 8, 9, 10, 12 de la loi du 24 juillet 1867. Quant aux articles 1 et 4, leurs dispositions ont passé dans les premiers articles du projet actuel qui, par une heureuse inversion, traite d'abord des sociétés anonymes, forme aujourd'hui plus fréquemment usitée que l'autre, et l'article 46 se borne à y renvoyer en bloc, sauf les modifications indiquées par les articles 47 à 54.

Ces modifications elles-mêmes se divisent en deux catégories.

Il y a d'abord les dispositions spéciales aux commandites par actions, relatives notamment à l'institution du conseil de surveillance placé à côté du gérant, et au rôle de l'assemblée générale. A cet égard le nouveau projet reproduit à peu près textuellement la loi de 1867 ; on remarquera toutefois comme innovation le dernier alinéa de l'article 48 qui confie au premier conseil de surveillance, dont la nomination et l'acceptation déterminent la constitution de la société, le soin laissé aux commissaires par l'article 16, en ce qui concerne les sociétés anonymes, de vérifier l'observation des formalités constitutives. Les observations sur l'article 16 retrouvent donc leur place ici.

Par contre il y a de nombreuses dispositions propres aux sociétés anonymes qui sont sans application aux commandites par actions; elles sont énumérées dans l'article 54. Ce sont les articles 2

50. Les membres du Conseil de surveillance vérifient les livres, la caisse, le portefeuille et les valeurs de la société.

Le conseil fait chaque année à l'assemblée générale un rapport dans lequel il doit signaler les irrégularités et inexactitudes qu'il a reconnues dans les inventaires, et constater, s'il y a lieu, les motifs qui s'opposent aux distributions des dividendes proposées par le gérant.

Le Conseil peut convoquer l'assemblée générale et, conformément à son avis, provoquer la dissolution de la société.

51. Quinze jours ou moins avant la réunion de l'assemblée générale, tout actionnaire peut prendre par lui ou par un fondé de pouvoir, au siège social, communication du bilan, de l'inventaire et du rapport du conseil de surveillance.

52. Est nulle et de nul effet, à l'égard des intéressés, toute société en commandite par actions constituée contrairement aux prescriptions des articles 3, 5, 9, 10, 11, 13, 47 et 48 de la présente loi.

Cette nullité ne peut être opposée aux tiers par les associés.

53. Lorsque la société est annulée aux termes de l'article précédent, les membres du premier conseil de surveillance peuvent être déclarés responsables, avec le gérant, du dommage résultant pour la société ou pour les tiers de l'annulation de la société.

La même responsabilité peut être prononcée contre ceux des associés dont les apports ou les avantages n'auraient pas été vérifiés et approuvés conformément aux articles 10, 11 et 13 ci-dessus.

54. Les dispositions des articles 2, 14, 15, 24, 25, 26, paragraphes 1, 2 et 4; 27, 28, 38 et 39 ne s'appliquent pas aux sociétés en commandite par actions.

devant les Tribunaux de répression comme civile, même responsables des délits commis par le gérant. »

(nombre de sept obligatoire), 14, 15 et 17 (1) (administrateurs devant être pris parmi les associés et propriétaires d'un nombre d'actions déterminé, enfin toujours révocables), articles 24, 25, 26, §§ 1, 2 et 4 (comptes annuels, commissaires aux comptes, communications à ces commissaires, bilans semestriels, etc.), 27 (communication aux actionnaires, avant l'assemblée, 28 (réserve légale d'un 20° au moins), 38 (dissolution pouvant être demandée pour perte des trois quarts du capital) ou 39 (pour réduction du nombre d'associés au-dessous de sept). Tout cela n'a rien de nouveau.

Enfin les articles 52 et 53 règlent la matière des nullités dans le même esprit que le fait l'article 40 pour les sociétés anonymes. Les causes en sont les mêmes et reposent sur l'inobservation des mêmes articles, moins les articles 14 et 15 (relatifs aux administrateurs) et plus les art. 47 et 48 (relatifs au gérant chargé des mêmes obligations que les fondateurs, et au premier conseil de surveillance).

Cette nullité ne peut être opposée aux tiers par les intéressés.

Quant à la responsabilité qui peut être la conséquence de la nullité, le projet la partage entre le gérant et les membres du premier conseil de surveillance, mais elle n'est que facultative à l'égard des membres du conseil. Pour les uns et les autres, elle a pour mesure le dommage résultant pour la société ou pour les tiers de l'annulation. Une responsabilité analogue, mais relative, peut être infligée aux apporteurs dont les apports ou avantages n'auraient pas été régulièrement vérifiés.

---

(1) L'article 17 n'est pas compris dans l'énumération de l'article 54, mais il est spécialement visé dans l'article 47.

Ici encore nous ne pouvons que renvoyer à nos observations sur l'article 16 et sur les articles 40 et suivants.

En matière de commandites par actions comme en matière de sociétés anonymes, nous estimons qu'il serait bon de donner à l'observation des formalités légales une garantie plus sûre que l'obligation de revision imposée aux commissaires dans un cas, au premier conseil de surveillance dans l'autre.

C'est dire que pour l'une comme pour l'autre forme de société nous proposons : 1° la substitution de l'expertise obligatoire à l'expertise facultative dans l'application des articles 9, 11 et 13 ; 2° la sanction d'une homologation judiciaire qui serait ici poursuivie à la requête du gérant au lieu de l'être à celle des fondateurs ; ce qui, par l'élimination des diverses nullités constitutives, enlèverait presque tout leur intérêt aux dispositions des articles 52 et 53 comme à celles de l'article 40.

Quant à nos observations subsidiaires, pour le cas où ce système ne serait pas admis, ou relatives aux cas assez rares de nullité postérieurs à la constitution, nous ne pouvons que nous référer à ce que nous avons dit à propos des articles 40 et suivants sur les effets et la durée de l'action en nullité, ou plutôt, d'après notre opinion, de l'action en annulabilité.

Nous n'avons rien à ajouter sur cette matière des sociétés en commandite par actions, qui attire moins l'attention générale que celle des sociétés anonymes, bien que, dans beaucoup de cas, cette forme qui combine les avantages de la responsabilité personnelle avec ceux de l'association de capitaux puisse rendre de grands services et être souvent préférée pour les affaires d'importance moyenne à l'anonymat (1).

---

(1) Dans une réunion de la Société d'économie politique du mois d'octobre dernier, la forme de la commandite par actions, comparée à l'anonymat, a trouvé des défenseurs autorisés (MM. Lyon Caen, Limousin, Chauffour, Siegfried). V. le *Télégraphe* du 12 oct. 1886.

TITRE III

DISPOSITIONS PARTICULIÈRES AUX SOCIÉTÉS A CAPITAL VARIABLE.

55. Il peut être stipulé dans les statuts de toute société que le capital social sera susceptible d'augmentation par des versements successifs faits par les associés ou l'admission d'associés nouveaux, et de diminution par la reprise totale ou partielle des apports effectués.

Les sociétés dont les statuts contiendront la stipulation ci-dessus seront soumises, indépendamment des règles générales qui leur sont propres, suivant leur forme spéciale, aux dispositions des articles suivants.

56. Le capital ne peut être porté par les statuts constitutifs de la société au-dessus de la somme de 200,000 francs.

Il peut être augmenté par des délibérations de l'assemblée générale, prises d'année en année; chacune des augmentations ne peut être supérieure à 200,000 francs.

57. Les actions ou coupures d'actions sont nominatives, même après leur entière libération; elles ne peuvent être inférieures à 25 francs.

Elles ne sont négociables qu'après la constitution définitive de la société.

La négociation ne peut avoir lieu que par voie de transfert sur les registres de la société, et les statuts peuvent donner, soit au conseil d'administration, soit à l'assemblée générale, le droit de s'opposer au transfert.

58. Les statuts déterminent une somme au-dessous de laquelle le capital ne peut être réduit par les reprises des parts autorisées par l'article 56.

Cette somme ne peut être inférieure au dixième du capital social.

La société n'est définitivement constituée qu'après le versement du dixième.

59. Chaque associé peut se retirer de la société lorsqu'il le juge convenable, à moins

TITRE III

DISPOSITIONS PARTICULIÈRES AUX SOCIÉTÉS A CAPITAL VARIABLE.

Ces articles reproduisent à peu près textuellement les dispositions de la loi de 1867 sur les sociétés à capital variable, sauf l'abaissement de 50 francs à 25 du minimum des coupures.

De même que la Cour de Cassation, nous ne voyons pas d'inconvénient à cette modification, propre à faciliter la création de ces Sociétés qui ne paraissent pas avoir pris un grand développement dans notre pays.

de conventions contraires et sauf l'application du § 1er de l'article précédent.

Il peut être stipulé que l'assemblée générale aura le droit de décider, à la majorité fixée pour la modification des statuts, que l'un ou plusieurs des associés cesseront de faire partie de la société.

60. L'associé démissionnaire ou exclu ne peut provoquer la liquidation de la société ; il a droit de recevoir sa part, telle qu'elle résulte du dernier bilan avant sa démission ou son exclusion, dans les délais fixés par les statuts.

Tout sociétaire démissionnaire ou exclu reste personnellement tenu, dans les limites où il s'est engagé, pendant deux ans à partir de sa démission ou de son exclusion, de tous les engagements de la société contractés à cette époque, sauf le cas où des prescriptions plus courtes sont établies par la loi.

61. La société, quelle que soit sa forme, est valablement représentée en justice par ses administrateurs.

62. La société n'est point dissoute par la mort, la retraite, l'interdiction, la faillite ou la déconfiture de l'un des associés ; elle continue de plein droit entre les autres associés.

TITRE IV

DISPOSITIONS RELATIVES A LA PUBLICITÉ.

63. La publication des actes et délibérations des sociétés dont le capital est divisé en actions a lieu, quand elle est obligatoire, dans un *Bulletin annexe du Journal officiel*.

Un règlement d'administration publique déterminera les formes et les conditions de cette publication et le jour à partir duquel les insertions y seront obligatoires.

Dans les colonies, cette publication aura lieu dans le journal où sont insérés les actes officiels.

64. Quand la société se constitue au moyen de souscription publique, le projet d'acte de société doit être publié dans ce bulletin dix jours au moins avant l'ouverture de la souscription.

65. Dans le mois de la constitution de toute société commerciale un double de l'acte constitutif, s'il est sous seing privé, ou une expédition, s'il est notarié, est déposé aux greffes de la justice de paix et du tribunal de commerce du lieu dans lequel est établie la société.

A l'acte constitutif des sociétés anonymes et des sociétés en commandite par actions sont annexées :

1° Une expédition de l'acte notarié constatant la souscription du capital social et le versement du quart ;

2° Une copie certifiée du procès-verbal des délibérations prises par l'assemblée générale dans les cas prévus par les articles 9, 10, 11, 13, 15 et 48 ;

3° La liste nominative, dûment certifiée, des souscripteurs, contenant les nom, prénoms, qualités, demeure et le nombre d'actions de chacun d'eux.

66. Dans le même délai d'un mois, un extrait de l'acte constitutif et des pièces annexées est publié dans l'un des journaux du département du siège social, où peuvent être insérées les annonces légales, et, en outre,

TITRE IV

DISPOSITIONS RELATIVES A LA PUBLICITÉ.

Le titre IV, qui occupe les articles 63 à 74, comprend l'ensemble des dispositions variées et très minutieuses relatives à la publicité à donner aux sociétés par actions et à certains actes de leur fonctionnement. Quelques-unes seulement sont nouvelles. Sans nous étendre beaucoup sur ce sujet, mais afin d'éviter toute confusion, nous diviserons ces diverses mesures en trois catégories ou périodes distinctes :

1° Publicité préalable à la constitution ;
2° Publicité de la société constituée ;
3° Publicité postérieure à la constitution.

1° PUBLICITÉ PRÉALABLE

Dans ce premier chapitre, comme dans les suivants, nous trouvons une innovation qui a été diversement appréciée ; c'est la création d'un recueil spécial, *Bulletin annexe du Journal officiel*, spécialement consacré aux insertions en matière de sociétés.

On a dit que ce bulletin resterait peu connu, surtout en dehors de Paris, et ne serait pas suffisamment consulté (1). La Cour de Cassation, dans son rapport, approuve au contraire la mesure qui tend à concentrer dans un recueil unique et complet la publicité des sociétés, rendant ainsi les recherches sinon plus faciles, du moins plus sûres. Il nous semble aussi qu'il y a là plus d'avantages que d'inconvénients, ce surcroît de publicité n'était pas d'ailleurs exclusif de celle résultant du dépôt dans les greffes et de l'insertion dans les journaux.

---

(1) V. JACQUAND, *Examen critique*, p. 228.

si le capital de la société est divisé en actions, dans le *Bulletin officiel*.

Il est justifié de l'insertion par un exemplaire du journal certifié par l'imprimeur, légalisé par le maire et enregistré dans les trois mois de sa date.

Les formalités prescrites par les deux articles précédents et par le présent article seront observées, à peine de nullité, à l'égard des intéressés ; mais le défaut d'aucune d'elles ne peut être opposé aux tiers par les associés.

Les dispositions de l'article 43 de la présente loi s'appliquent à ces nullités.

67. L'extrait doit contenir les noms des associés autres que les actionnaires ou commanditaires ; la raison de commerce ou la dénomination adoptée par la société et l'indication du siège social ; la désignation des associés autorisés à gérer, administrer et signer pour la société ; le montant du capital social et le montant des valeurs fournies ou à fournir par les associés, actionnaires ou commanditaires ; l'époque où la société commence, celle où elle doit finir, la date du dépôt fait aux greffes de la justice de paix et du tribunal de commerce, et, le cas échéant, la clause des statuts prévus à l'article 29.

68. L'extrait doit énoncer que la société est en nom collectif, ou en commandite simple, ou en commandite par actions, ou anonyme, ou à capital variable.

Si la société est anonyme, l'extrait doit énoncer le montant du capital social en numéraire et en autres objets, la quotité à prélever sur les bénéfices pour composer le fonds de réserve.

Si la société est à capital variable, l'extrait doit contenir l'indication de la somme au-dessous de laquelle le capital social ne peut être réduit.

69. Si la société a plusieurs maisons de commerce, situées dans différents arrondissements, le dépôt prescrit par l'article 65 et la publicité prescrite par l'article 66 ont lieu dans chacun des arrondissements où existent les maisons de commerce.

L'article 64 fait une première application du recueil nouveau en exigeant que, lorsqu'une société se constitue par voie de souscription publique, le projet d'acte de société soit publié dans le *Bulletin*, dix jours au moins avant l'ouverture de la souscription.

On se rappelle que, dans notre projet d'organisation d'une homologation judiciaire, nous avons indiqué la formalité d'une communication préalable des statuts au greffe du tribunal. Cette mesure pourrait parfaitement se concilier avec celle de la publicité prescrite par l'art. 64 (Voir nos observations sur l'article 16).

On se rappelle aussi que l'article 4 du projet exige certaines mentions sur les bulletins de souscription ; seulement cette obligation n'est sanctionnée que par une pénalité tandis qu'aux termes de l'article 66, l'omission de l'article 64 entraîne la nullité. Nous reviendrons sur ce dernier point.

2° PUBLICITÉ CONSTITUTIVE

Elle est réglée par les articles 65 à 70. Elle consiste : 1° dans le dépôt, au greffe du tribunal de commerce et de la justice de paix, d'un double ou d'une expédition de l'acte constitutif, suivant qu'il est notarié ou sous seing privé, dépôt accompagné de la déclaration devant notaire de la souscription du capital et du versement du quart, du procès-verbal des assemblées générales constitutives et de la liste de souscription ; 2° dans l'insertion au *Bulletin officiel* et à l'un des journaux du département du siège social d'un extrait dont les articles 67 et 68 énumèrent les mentions nécessaires; le tout devant être régularisé dans le délai d'un mois à partir de la constitution de la société et répété dans le lieu de toutes les maisons de commerce dépendant de la société.

Dans les villes divisées en plusieurs arrondissements, le dépôt est fait seulement au greffe de la justice de paix du principal établissement.

70. L'extrait des actes et pièces déposés est signé, pour les actes publics, par le notaire, et, pour les actes sous seing privé, par les associés en nom collectif, par les administrateurs des sociétés anonymes, ou par les gérants des sociétés en commandite.

71. Sont soumis aux formalités prescrites par les articles 65 et 66 :
Tous actes et délibérations ayant pour objet l'augmentation du capital social, la modification des statuts au delà du terme fixé pour sa durée, la dissolution avant ce terme et le mode de liquidation, tout changement ou retraite d'associé et tout changement à la raison sociale, tout changement ou modification voté en vertu des dispositions du § 2 de l'article 23.
Sont également soumises aux dispositions des articles 65 et 66 les délibérations prises dans les cas prévus par les articles 38, 45 et 56 ci-dessus.

72. Ne sont pas assujettis aux formalités de dépôt et de publication les actes constatant les augmentations ou les diminutions du capital social opérées dans les termes de l'article 55, ou les retraites d'associés autres que les gérants ou administrateurs, qui auraient lieu conformément à l'article 59.

73. Toute personne a le droit de prendre communication des pièces déposées aux greffes de la justice de paix et du tribunal de commerce, ou même de s'en faire délivrer, à ses frais, expédition ou extrait par le greffier ou par le notaire détenteur de la minute.
Lorsqu'il s'agit d'une société anonyme ou en commandite par actions, toute personne peut exiger qu'il lui soit délivré au siège de la société une copie certifiée des statuts, moyennant le payement d'une somme qui ne peut excéder 1 franc.

La sanction de ces prescriptions est la nullité à l'égard des intéressés, nullité non opposable aux tiers.

En ce qui touche les formalités elles-mêmes, nous avons déjà dit que le cumul de la publicité au *Bulletin officiel* avec celle donnée dans un journal nous paraissait avoir plus d'avantages que d'inconvénients.

Quant à la sanction de nullité, sans insister sur un doute très sérieux, que nous partageons avec d'autres, que cette sanction d'une formalité exigée surtout dans l'intérêt des tiers et dont l'omission ne leur est pas opposable, soit bien logique à l'égard des autres intéressés, c'est-à-dire des actionnaires, et tout au moins des actionnaires d'origine qui ont été au fait de tout, nous nous bornerons à faire remarquer qu'ici encore le système préventif de l'homologation judiciaire ôterait tout intérêt pratique à la question.

Aucune société par actions ne pouvant être considérée comme définitivement constituée avant l'homologation, ce serait sous les auspices du tribunal lui-même, par une mesure d'office comme en matière de faillites, que la publicité serait donnée, celle de l'homologation résumant toutes les autres, y compris la publicité préalable qui aurait été vérifiée.

On ne voit plus comment, dès lors, une nullité rétroactive pourrait encore menacer la société au cours de son fonctionnement.

3° PUBLICITÉ POSTÉRIEURE.

L'art. 71 soumet à la publicité, dans les formes des articles 65 et 66 et sous les mêmes sanctions, les actes et délibérations portant augmentation du capital social, dissolution anticipée, retraite d'associé responsable, changement de raison sociale, enfin les modifications prévues, en outre de celles qui précèdent, par le

74. Dans tous les actes, factures, annonces, publications et autres documents, imprimés ou autographiés, la dénomination sociale doit toujours être précédée ou suivie immédiatement de ces mots, écrits lisiblement en toutes lettres : Société anonyme ou Société en commandite par actions.

Si ces actes, factures, annonces, publications et autres documents portent l'énonciation du capital social, ils doivent indiquer la partie du capital restant à verser.

Si la Société est à capital variable, cette circonstance doit être mentionnée par l'addition de ces mots : « à capital variable. »

Les titres d'actions provisoires ou définitifs doivent porter l'indication sommaire de :

1° L'objet et la durée de la société ;

2° La date de l'acte constitutif de la société et de sa publication au *Bulletin officiel* ;

3° Le nombre d'actions et leur valeur nominale ;

4° La partie du capital social représentée par les apports en nature.

§ 2 de l'article 23 (réduction de capital, changement du chiffre de pertes rendant la dissolution obligatoire, fusion, modification dans le partage des bénéfices ; enfin les délibérations visées aux articles 38 (dissolution facultative en cas de perte des trois quarts), 45 (conversions d'anciennes sociétés en sociétés anonymes régies par la loi nouvelle) et 56 (augmentation de capital des sociétés à capital variable). L'article 72 dispense de cette publicité les diminutions de capital et retraite d'associés et d'administrateurs dans les associations à capital variable.

Pour être logique avec notre système, nous pensons que l'homologation judiciaire devrait également s'appliquer à ces modifications importantes, et en assurer du même coup la publicité.

L'article 73 règle dans des conditions libérales les conditions dans lesquelles le public peut consulter les pièces déposées. On remarquera que ce dernier article en reproduit pas l'exigence, assez gênante et qui était en quelque sorte tombée en désuétude, de l'affichage des pièces déposées dans les bureaux des Sociétés.

Enfin l'article 74 exige certaines mentions sur les titres d'actions ainsi que sur les factures, annonces, prospectus, etc. Cette dernière publicité n'est pas sanctionnée par la nullité, même dans le système du projet ; l'omission n'entraîne qu'une responsabilité civile ou pénale (article 104).

TITRE V

DISPOSITIONS RELATIVES AUX OBLIGATIONS.

75. Les sociétés ne peuvent émettre d'obligations remboursables par voie de tirage au sort à un taux supérieur au prix d'émission, qu'à la condition que ces obligations rapportent 3 p. 100 d'intérêt au moins, et que toutes soient remboursables par la même somme, à peine de nullité.

TITRE V

DISPOSITIONS RELATIVES AUX OBLIGATIONS.

L'article 75, qui ouvre le chapitre relatif aux obligations, inconnu dans la loi de 1867, et tout à fait nouveau dans le projet, confirme la jurisprudence qui considérait comme loterie déguisée et interdisait en conséquence les remboursements par la voie du sort, à un taux inégal entre les divers obligataires.

L'article 75 n'admet d'emprunt remboursable par la voie du sort à un taux supérieur à celui d'émission, qu'à la condition que toutes les obligations soient remboursables pour la même somme, et à la condition que ces obligations rapportent au moins 3 p. 100 d'intérêt.

Le rapport de la Cour de Cassation propose de traduire cette dernière clause par un amendement rendant plus précise la pensée du législateur qui a voulu, en maintenant une certaine proportion entre l'intérêt et la prime, empêcher que l'obligation ne tourne au billet de loterie. Cet amendement porterait :

« A la condition que l'intérêt de ces obligations, calculé sur le taux du remboursement, soit au moins de 3 p. 100. » Cela paraît, en effet, plus exact.

Le même rapport, répondant à une objection d'un des membres de la Cour, qui voulait une liberté entière pour les sociétés d'emprunter aux conditions que peut mériter leur crédit, ajoute que cette fixation d'intérêt ne concerne que les emprunts remboursables par la voie du sort, et que par tout autre mode les sociétés seront libres d'emprunter, même à un taux inférieur. Il va sans dire, d'ailleurs, que cette mesure générale ne préjudicie pas aux autorisations particulières de loterie que pourraient obtenir certaines sociétés ou établissements de crédit, conformément aux lois qui régissent la matière.

On a fait remarquer (1) que le projet aurait peut-être dû mieux préciser ce qu'il faut entendre ici par nullité, non sans doute en ce sens que l'emprunteur qui aurait reçu la somme pourrait se dispenser de la rendre en se prévalant du caractère illicite de l'opération, mais en ce sens que le prêteur aura le droit de se faire rembourser avant tout tirage et que l'emprunteur pourra se refuser à y procéder. Cela gagnerait en effet à être expliqué.

On a fait remarquer aussi avec raison (2) que c'eût été ici le lieu de résoudre cette question souvent agitée, à savoir si une société pourrait émettre des obligations avant la libération intégrale de son capital-actions, ou encore si elle pourrait émettre des emprunts supérieurs au montant de ce capital.

Le silence du projet doit s'interpréter dans le sens de la liberté en principe, et peut-être, en effet, de telles restrictions sortaient-elles quelque peu du rôle du législateur.

---

(1) JACQUAND, *Examen critique*, p. 241
(2) *Id.*, p.

76. En cas de liquidation ou de faillite, ces obligations seront admises au passif pour une somme totale égale au capital qu'on obtiendra, en ramenant à leur valeur actuelle, au taux réel de l'intérêt de l'emprunt, les annuités d'intérêt et d'amortissement qui restent à échoir. Chaque obligation sera admise pour une somme égale au quotient obtenu en divisant ce capital par le nombre des obligations non encore éteintes.

Toutefois, dans le cas où les obligations comprises dans une même série, ne sont pas émises à des conditions identiques le taux de l'escompte des annuités à échoir est fixé à 5 p. 100.

Cet article a pour objet de résoudre législativement un point qui avait donné lieu à de vives controverses en jurisprudence, à savoir à quel taux les obligations faisant partie d'un emprunt remboursable dans un délai déterminé, devraient être admises au passif en cas de liquidation ou de faillite de la société emprunteuse.

Les auteurs du projet nous paraissent avoir été bien inspirés en écartant les deux systèmes radicaux, l'un trop rigoureux pour les obligataires qui se prononçait pour le taux d'émission, l'autre trop défavorable à la masse qui optait pour le taux de remboursement, et fixe des bases équitables et moyennes entre les deux modes de calcul.

Le rapport de la Cour de Cassation a proposé par voie d'amendement une modification de rédaction qui nous paraît heureuse en décrivant avec plus de précision le mécanisme du calcul adopté.

77. Avant toute émission d'obligations, les administrateurs ou les gérants doivent publier dans le *Bulletin officiel* un avis énonçant :

1° L'objet de la société ;

2° La date de l'acte de société et celle de la publication au *Bulletin officiel*, soit de l'extrait de cet acte, soit des modifications apportées aux statuts ;

3° Le montant des obligations déjà émises par la société ;

4° Le nombre et la valeur nominale des obligations à émettre, l'intérêt à payer pour chacune d'elles, l'époque et les conditions du remboursement ;

5° Le dernier bilan ou la mention qu'il n'a pas été dressé encore.

Dans le cas, soit d'émission, soit de mise en vente publique d'obligations, non ordonnée par justice, les affiches, prospectus, insertions dans les journaux, circulaires, ainsi que les bulletins de souscription ou d'achat, les titres d'obligations provisoires ou définitifs, doivent contenir les mêmes énonciations, à l'exception de celle mentionnée sous le numéro 5.

L'article 77 prescrit diverses mesures utiles de publicité préalable à toute émission d'obligations.

La sanction ici n'est pas la nullité, mais une simple responsabilité civile ou pénale. Sur ce dernier point, il faut se reporter à l'article 104 du projet.

78. Les porteurs d'obligations ont la faculté de se réunir, en quelque nombre que ce soit, et de nommer des mandataires chargés de représenter ceux qui se sont ainsi réunis, ou quelques-uns d'entre eux.

79. Les porteurs d'obligations, formant le vingtième au moins du capital représenté par chaque série d'obligations, peuvent aussi, dans un intérêt commun, charger, à leur frais, des mandataires au nombre de trois au plus, de les représenter en justice, et de soutenir collectivement, tant en demandant qu'en défendant, toutes les actions qui peuvent les concerner comme créanciers.

80. Lorsque la convocation d'une assemblée générale des porteurs d'obligations a été une des conditions de l'emprunt, cette assemblée est convoquée à la diligence des administrateurs ou gérants de la société, dans le mois qui suit, soit le commencement de l'émission, soit la clôture de la souscription. Elle désigne un ou trois commissaires au plus, pris parmi les porteurs d'obligations. A défaut de nomination de commissaires par l'assemblée, ou en cas de refus d'un ou plusieurs des commissaires nommés, il est procédé à leur nomination ou à leur remplacement par ordonnance du président du tribunal de commerce du siège de la société, à la requête de tout intéressé. Les pouvoirs des commissaires durent jusqu'à ce qu'ils aient été remplacés ou réélus dans une assemblée ultérieure.

81. Les commissaires ne peuvent s'immiscer dans la gestion des affaires sociales; ils ont droit aux mêmes communications, délivrance de pièces ou de copies, que les actionnaires, et aux mêmes époques; ils peuvent assister à toutes les assemblées générales quelconques des actionnaires, sans participer ni aux discussions ni aux votes.

Les mandataires nommés conformément à l'article 79 auront les mêmes droits.

82. Les commissaires peuvent demander aux administrateurs ou gérants de la société

Les articles 78 à 87, dont le dernier explique que l'ensemble des mesures adoptées ne préjudicie pas au droit d'action individuel des obligataires, organise toute une représentation des obligataires agissant par groupes et à titre de collectivité.

Dans son principe, cette innovation répond à un vœu de l'opinion souvent exprimé. Peut-être aurait-on pu désirer un peu plus de simplicité dans le nouveau rouage, un moindre excès de prévisions légales, un peu plus de jeu à l'initiative individuelle et à la liberté des statuts. Mais il y a là tout un système de précautions très soigneusement étudié et dans lequel il serait peut-être téméraire de choisir ce qui pourrait sans inconvénient être retranché.

Signalons toutefois l'article 86, qui, en prescrivant la convocation des porteurs d'obligations, quand elle est obligatoire, à deux avis dans le *Recueil officiel*, est de nature à entraîner de grands frais sans beaucoup de certitude de saisir les obligataires à qui le *Recueil* peut être peu familier.

de convoquer l'assemblée des porteurs d'obligations autant de fois qu'il y aura des assemblées générales d'actionnaires et aux frais de la société. Ils peuvent ainsi convoquer eux-mêmes les porteurs d'obligations hors des cas ci-dessus prévus, mais aux frais de ceux d'entre eux qui composent cette assemblée spéciale.

83. Au cas spécial où des sûretés particulières, comme des privilèges ou hypothèques, ou d'autres causes légitimes de préférence, doivent appartenir aux porteurs d'obligations, les commissaires ont qualité pour provoquer et consentir, au nom de l'assemblée desdits porteurs, tous actes relatifs à ces sûretés. Dans ce cas la convocation de l'assemblée des porteurs d'obligations par les administrateurs ou gérants est obligatoire, quand bien même il n'en serait pas fait mention dans les conditions de l'emprunt.

84. Les commissaires doivent s'assurer que les fonds empruntés reçoivent la destination indiquée lors de l'émission des obligations.

85. Lorsqu'un emprunt à réaliser sous forme d'obligations devra avoir pour sûreté la concession d'une hypothèque, la délibération ou l'acte autorisant cette hypothèque sera constaté en la forme notariée.

L'acte notarié, s'il s'agit d'une délibération du conseil d'administration, sera signé par les administrateurs présents, et s'il s'agit d'assemblées générales, par le président du bureau et deux scrutateurs; toutes les pièces relatives à la convocation et à la constitution de l'assemblée, telles que journaux, lettres d'avis, feuilles de présence, pouvoirs sous seing privé ou notariés des actionnaires qui se font représenter, restent déposés au siège social pour être communiqués à tout requérant, comme le prescrit l'article 19.

Les administrateurs ou gérants devront requérir dans les formes ordinaires une inscription éventuelle au profit de la masse des futurs porteurs d'obligations.

L'hypothèque ultérieurement constituée prendra rang du jour de cette inscription.

L'inscription devra être rendue définitive,

à peine de péremption, dans le délai de six mois, par la mention en marge du nom des commissaires nommés conformément à l'article 80, et de la date de l'acte constitutif d'hypothèque.

86. L'assemblée des porteurs d'obligations, quand elle est obligatoire, est précédée de deux avis, publiés à huit jours d'intervalle, dans le *Bulletin officiel*. Ces avis indiquent le lieu, la date, le but de la séance et le dernier délai pour le dépôt des titres avant l'assemblée.

Cette assemblée, pour délibérer valablement, doit réunir un nombre de porteurs d'obligations représentant le quart du montant nominal de l'emprunt. Tout porteur d'obligations peut y prendre part avec un nombre de voix égal à celui des obligations dont il est porteur comme propriétaire ou mandataire, sans que ce nombre de voix puisse être supérieur à vingt.

Si une première assemblée ne réunit pas un nombre suffisant de porteurs d'obligations, une seconde assemblée sera convoquée dans la forme prévue au paragraphe 1er. Cette seconde assemblée pourra délibérer valablement, quelle que soit la portion du capital de l'emprunt représentée par les obligataires présents.

87. Les dispositions du présent titre ne font pas obstacle à l'exercice des actions individuelles appartenant à chaque porteur.

TITRE VI

DES TONTINES ET DES SOCIÉTÉS D'ASSURANCES

88. Les associations de la nature des tontines et les sociétés d'assurances sur la vie, mutuelles ou à primes, sont soumises à l'autorisation et à la surveillance du gouvernement.

Le mode d'exercice de la surveillance du gouvernement sera déterminé par un règlement d'administration publique.

Les sociétés d'assurances sur la vie sont d'ailleurs soumises aux dispositions de la présente loi.

89. Les autres sociétés d'assurances peuvent se former sans autorisation; elles restent soumises au décret du 22 janvier 1868.

Celles de ces sociétés d'assurances qui existaient avant la loi du 24 juillet 1867 continuent à pouvoir se placer sous le régime du décret du 22 janvier 1868, sans l'autorisation du gouvernement, en observant les formes et les conditions prescrites par la modification de leurs statuts.

TITRE VI

DES TONTINES ET DES SOCIÉTÉS D'ASSURANCES

Ces deux articles, composant le titre VI de la loi, sont exactement reproduits d'après les articles 66 et 67 de la loi du 26 juillet 1867 et n'appellent pas d'observations particulières.

Les raisons qui ont déterminé la Commission du Sénat à ne pas tracer au règlement d'administration publique des règles fixes propres à donner un régime uniforme aux Sociétés de ce genre sont exposées avec beaucoup de clarté dans le rapport de M. J. Bozérian, très développé sur cette matière, et auquel on se reportera utilement.

TITRE VII

DES SOCIÉTÉS ÉTRANGÈRES

90. Les sociétés étrangères par actions, constituées conformément aux lois de leurs pays, peuvent exercer en France tous les droits accordés aux étrangers, lorsqu'un décret, rendu dans la forme de règlement d'administration publique, a, par mesure générale, permis aux sociétés de ce pays d'exercer tous leurs droits et d'ester en justice en France.

91. Les associations étrangères de la nature des tontines et les compagnies étrangères d'assurances sur la vie, mutuelles ou à primes, sont soumises aux dispositions de l'article 88.

Elles sont tenues de déposer un cautionnement à la Caisse des dépôts et consignations.

Ce cautionnement se composera de versements annuels, successifs, destinés, à titre de réserves, à couvrir le total des risques en cours en France.

Ces réserves seront calculées d'après les formules qui auront été indiquées par le règlement d'administration publique prévu par l'article 88.

Le cautionnement, qui sera effectué en valeurs françaises déterminées par ce règlement, sera affecté par privilège, au profit des assurés, à la garantie des opérations faites en France.

Le règlement déterminera les conditions du retrait du cautionnement, le mode spécial de surveillance auquel les sociétés dont il s'agit seront soumises, et les obligations auxquelles elles seront assujetties pour la publication périodique du compte rendu de leurs opérations.

Il fixera le délai qui leur sera accordé, si elles fonctionnent actuellement en France, pour se conformer aux prescriptions de la présente loi.

92. Les actions des sociétés étrangères ne peuvent être émises ou négociées en France qu'autant qu'elles ne sont pas de moins de

TITRE VII

DES SOCIÉTÉS ÉTRANGÈRES

Ces sept articles, qui composent le titre VII du projet, sont relatifs aux sociétés étrangères; ils contiennent d'importantes dispositions propres à faire cesser certaines hésitations et certains conflits qui s'étaient produits dans la jurisprudence.

Le principe général qui s'en dégage c'est l'assimilation des sociétés étrangères aux sociétés françaises, sous le rapport des garanties qu'elles doivent offrir, tant au point de vue des formalités constitutives essentielles qu'au point de vue de la publicité à laquelle elles sont assujetties.

Le législateur est parti de cette idée qu'une tolérance imprudemment généreuse ne doit pas exonérer des mesures de précaution, jugées nécessaires par notre loi nationale, des sociétés qui, sous le couleur de sociétés étrangères, ne se proposent que d'éluder ces garanties, alors qu'elles sont surtout destinées à fonctionner principalement, sinon presque exclusivement, en France.

Cette manière de voir, à laquelle la Cour de cassation, dans la conclusion de son rapport, a donné l'appui de sa haute autorité, a été critiquée à divers points de vue.

On a dit qu'elle était peu conforme aux vrais principes économiques; qu'en laissant de côté les règles de la réciprocité internationale, elle pouvait exposer nos propres sociétés, qui ont intérêt à se développer à l'étranger, à de fâcheuses représailles; que cet inconvénient était d'autant plus grand que, comme nous le dirons plus loin, l'article 109 du projet donne à ses exigences une portée rétroactive à l'égard des sociétés étrangères antérieurement établies et fonctionnant en France. On a

50 francs, quand le capital social n'excède pas 100,000 francs; de moins de 100 francs, quand le capital est supérieur à 100,000 francs et n'excède pas 200,000 francs; ni de moins de 500 francs, lorsqu'il est supérieur.

En outre, aucune négociation de ces actions ne peut avoir lieu avant la souscription de la totalité du capital social, le versement par chaque actionnaire du quart du montant des actions par lui souscrites, et la constitution définitive de la société.

93. Les obligations des sociétés étrangères remboursables à un taux supérieur au prix d'émission ne peuvent être émises ou négociées en France qu'autant qu'elles répondent aux conditions fixées par l'article 75.

94. Les formalités de publicité des articles 63 et suivants doivent être remplies par lesdites sociétés, lorsqu'elles établissent en France une succursale.

Ces formalités seront observées à peine de nullité des opérations conclues en France, mais le défaut d'aucune d'elles ne peut être opposé aux tiers par les sociétés,

Tous les actes émanant de cette succursale doivent porter en tête la mention : « Société étrangère, » suivie de l'indication du lieu de constitution de la société, et, en outre, les diverses énonciations prescrites par l'article 74, paragraphes 1, 2 et 3, de la présente loi.

95. Les formalités de publicité requises par les articles 4, 44, 64 et 77 de la présente loi sont applicables aux souscriptions et aux ventes publiques, non ordonnées par justice, d'actions et d'obligations de sociétés étrangères.

96. Les opérations faites illégalement en France par des sociétés étrangères sont nulles à l'égard des tiers : ces sociétés ne peuvent se prévaloir de cette nullité.

fait valoir, particulièrement, en ce qui touche les tontines et assurances sur la vie, que les grandes compagnies françaises, faisant le même genre d'opération, s'étaient trouvées d'accord pour combattre la disposition de l'article 91, estimant que l'autorisation gouvernementale, forcément illusoire au point de vue de la vérification des statuts de compagnies formées sous l'empire de législations étrangères, aurait l'inconvénient de faire croire au public que ces sociétés présentent les mêmes garanties que les sociétés françaises et par suite de favoriser, au lieu de la gêner, la concurrence faite à leurs propres entreprises.

Le Tribunal de Commerce de la Seine n'a peut-être pas été mêlé assez directement par sa jurisprudence et sa pratique aux difficultés que soulève cette question délicate pour se prononcer d'une manière absolue. Il lui semble toutefois que les raisons qui ont déterminé les auteurs du projet, inspirées de la protection due aux intérêts français, particulièrement en ce qui touche les sociétés d'assurances sur la vie, l'emportent sur les raisons mises en avant par ses adversaires, et que le principe général, adopté par le projet, doit être approuvé.

Voici maintenant par quelles dispositions précises il se manifeste dans le projet du Sénat.

D'abord l'article 90, qui généralise une règle prise seulement pour les sociétés belges par les articles 1 et 2 de la loi du 30 mai 1857, exige, pour que les sociétés étrangères, constituées conformément aux lois de leur pays, puissent exercer en France les droits accordés aux étrangers et notamment celui d'ester en justice, qu'elles en obtiennent la permission par un décret rendu dans la forme des règlements d'administration publique.

L'article 91, spécial aux sociétés de tontines et d'assurances sur la vie, soumet les sociétés étrangères aux dispositions de l'article 88, c'est-à-dire à l'autorisation du gouvernement français, et en outre au dépôt d'un cautionnement en valeurs françaises dont le règlement d'administration publique réglera l'importance et le mode de retrait.

Les articles 92 et 93, applicables à toutes les sociétés étrangères, les assujettissent aux principales conditions de fond exigées des sociétés françaises, soit : 1° division du capital conformément à l'article 2 du projet; 2° subordination de la constitution de la société à la souscription intégrale du capital et au versement du quart de ce capital, toute négociation (1) de titres restant interdite jusqu'à la constitution définitive ; 3° application aux émissions d'obligations des règles prescrites par l'article 75 du projet.

Les articles 94 et 95 assujettissent les sociétés étrangères aux conditions de publicité exigées des sociétés françaises soit par les articles 63 et suivants, soit par les articles 4, 44, 64 et 77 du projet.

Enfin l'article 96 déclare *nulles*, à l'égard des tiers, les opérations faites illégalement en France par des sociétés étrangères, sans que cette nullité puisse profiter à ces sociétés.

---

(1) La Cour de Cassation ajoute avec raison « en France ».

TITRE VIII

DISPOSITIONS PÉNALES

97. Est punie d'une amende de 500 à 10.000 francs et d'un emprisonnement d'un mois à deux ans toute fausse déclaration relative à la souscription du capital social primitif ou de ses augmentations, et à la réalité des versements, lorsqu'elle a eu pour conséquence la constitution définitive de la société.

TITRE VIII

DISPOSITIONS PÉNALES

Cet article ouvre la série des dispositions du titre VIII de la loi consacré aux dispositions pénales.

Avant d'entrer dans le détail de ces dispositions, nous dirons quelques mots de l'esprit général qui les a inspirées, et l'on ne s'étonnera peut-être pas que, de même que les causes de nullité et de responsabilité nous ont paru entachées de quelques exagérations, nous trouvions aussi tant soit peu excessif le système de répression adopté et qui exagère encore la rigueur de la loi de 1867, non seulement par l'adjonction de divers cas d'infraction que cette loi laissait de côté, mais par l'aggravation du mode et l'importance des pénalités.

Assurément de nombreux abus se sont produits, de grands scandales ont affligé et irrité l'opinion; mais y trouvera-t-on un remède efficace dans des sévérités qui, assimilant souvent l'erreur ou la négligence à la fraude, atteignent par des peines afflictives telles que la prison, des délits purement contraventionnels? N'y a-t-il pas là de quoi intimider et décourager les honnêtes gens disposés à prêter leur concours à des formations de sociétés; peut-on par contre espérer compenser ce grand inconvénient en intimidant les faiseurs sans scrupule qui ont peu à risquer en fait de considération et entendent arriver à la fortune *per fas et nefas*?

Nous en doutons, et c'est dans cet esprit que nous allons examiner les nombreuses dispositions pénales proposées par le projet.

L'article 97 punit d'une amende de 500 à 10.000 francs et d'un emprisonnement de un mois à deux ans toute fausse déclaration relative à la souscription intégrale ou au versement du quart, quand elle a eu pour effet la constitution de la société.

Ici nous nous trouvons d'accord avec la Cour de Cassation pour demander la substitution du mot *mensongère* au mot fausse, qui pourrait être facilement pris comme synonyme d'*inexacte*. C'est substituer avec raison le délit à la contravention.

Nous nous bornerons d'ailleurs à ajouter que si notre système préventif d'homologation judiciaire était admis, cet article passerait en quelque sorte à l'état de lettre morte.

98. Est punie d'une amende de 500 à 10.000 francs et d'un emprisonnement de quinze jours à six mois,

1° L'émission, la délivrance ou la négociation d'actions ou de coupures d'actions d'une société constituée contrairement aux prescriptions des articles 3, 5 et 32 de la présente loi.

L'emprisonnement peut être élevé jusqu'à deux ans, lorsqu'il s'agit des actions ou coupures d'actions d'une société dont le capital n'a pas été entièrement souscrit ou dont les versements déclarés n'ont pas été effectués ;

2° L'émission ou la négociation en France d'actions ou d'obligations d'une société étrangère contraires aux dispositions des articles 92 et 93 ;

3° Toute participation à ces opérations.

Sont punis de la même peine ceux qui ont sciemment, par des avis, annonces, affiches, ou par tout autre moyen de publication, fait connaître l'existence de ces actions.

Ici c'est encore de l'amende et de la prison que le projet punit l'émission, la délivrance ou la négociation d'actions d'une société irrégulièrement constituée, et en outre la *participation* à ces opérations, notamment par la voie de la publicité.

La Cour de Cassation estime qu'il convient de déclarer simplement facultative la peine de l'emprisonnement, et nous ne pouvons que souscrire à ce tempérament.

Mais là ne sauraient s'arrêter nos doutes. Ce qui nous frappe, c'est le vague des mots *négociation*, *participation*, peu dignes d'une loi pénale. La loi entend-elle atteindre non seulement les administrateurs responsables ou leurs complices avérés, mais aussi les simples particuliers qui auront, sans en faire métier, vendu un titre irrégulier ?

Selon nous, elle devrait faire des distinctions. Vendeurs, acheteurs, intermédiaires, simples employés, sont-ils tous compris dans la même réprobation ? Il semble qu'on serait en droit de demander à la loi ou moins de rigueur, ou tout au moins une précision qui avertisse chacun et ne laisse aucune place à l'inconscience.

99. Sont punis d'une amende de 500 à 10.000 francs et d'un emprisonnement de quinze jours à six mois :

1° Les administrateurs ou directeurs d'une société anonyme, le gérant d'une société en commandite, qui commencent les opérations sociales avant la constitution définitive de la société ;

2° Ceux qui ne se seront pas conformés aux prescriptions du 3° paragraphe de l'article 7;

3° Les représentants des sociétés étrangères par actions qui ont fait ou laissé faire en France des opérations sociales avant l'accomplissement des formalités de publicité prescrites par l'article 94 de la présente loi ;

4° Ceux qui, en se présentant comme propriétaires d'actions ou de coupures d'actions, qui ne leur appartiennent pas, ont pris part au vote dans une assemblée générale ;

5° Ceux qui ont remis les actions pour en faire l'usage prévu par le paragraphe précédent.

Ici encore la loi nous paraît pécher par excès de sévérité.

Punir de l'emprisonnement les administrateurs qui ont commencé trop tôt les opérations sociales, n'est-ce pas exagérer? A ce point de vue nous approuvons l'amendement de la Cour de Cassation qui propose de rendre l'emprisonnement facultatif.

A un autre point de vue nous ne saurions approuver que le simple fait d'avoir voté dans une assemblée, en se présentant comme propriétaire d'actions appartenant à autrui, soit substitué à la prévision de la loi précédente, qui exigeait la preuve que cet abus ait créé une majorité factice. Quelque difficile que soit la preuve de ce fait, il nous semble un élément essentiel et caractéristique du délit.

100. Sont punis de peines portées à l'article 405 du Code pénal ;

1° Ceux qui, par des manœuvres frauduleuses, ont cherché à faire croire à des apports qui n'existent pas ou à attribuer à des apports existants une valeur supérieure à leur valeur réelle ;

2° Ceux qui, par simulation de souscriptions ou de versements, ou par publication, faite de mauvaise foi, de souscriptions ou de versements qui n'existent pas ou de tous autres faits faux, ont obtenu ou tenté d'obtenir des souscriptions ou des versements ;

3° Ceux qui, pour provoquer des souscriptions ou des versements, ont, de mauvaise foi, publié le nom de personnes désignées contrairement à la vérité comme étant ou devant être attachées à la société à un titre quelconque ;

4° Les administrateurs ou gérants qui, en l'absence d'inventaire, ou au moyen d'inventaires frauduleux, ont opéré entre les actionnaires la répartition de dividendes fictifs ou payé sciemment des intérêts après la période de premier établissement fixée par l'article 29 ;

5° Les commissaires ou les membres d'un conseil de surveillance qui, dans l'accomplissement d'un mandat conféré par la loi, par les statuts ou par l'assemblée générale, ont constaté sciemment comme vrais des faits faux, ou fait de mauvaise foi des rapports inexacts.

Dans ces derniers cas, toutefois, l'amende peut être élevée jusqu'à 10.000 francs.

Cet article reproduit en partie la loi ancienne. Il ne punit que des faits commis *sciemment* et de mauvaise foi ; à ce point de vue, il est conforme aux principes généraux de la loi pénale.

Une innovation remarquable inspirée par les abus auxquels a donné lieu la constitution des sociétés par apports consiste à étendre les pénalités rigoureuses de l'article 405 du Code pénal aux manœuvres frauduleuses employées pour faire accepter des apports fictifs ou d'une valeur exagérée. Toutefois, on ne peut s'empêcher de remarquer qu'à ce dernier point de vue, la valeur relative d'apports est sujette à des appréciations si diverses que la menace d'une poursuite aussi grave, en raison de simples exagérations, a de quoi faire trembler les plus innocents. Il est vrai que la loi exige des manœuvres *frauduleuses*, et que le juge est là pour apprécier le caractère des agissements incriminés. Nous n'insisterons donc pas.

101. Sont punis d'une amende de 500 à 10,000 francs et d'un emprisonnement de quinze jours à un an les administrateurs, et les gérants qui, en cette qualité, ont :

1° Contrevenu aux dispositions des statuts interdisant certains genres d'opérations ;

2° Fait des achats d'actions de leur société contrairement aux dispositions de la présente loi ;

3° Revendu ou fait revendre des actions régulièrement achetées et qui auraient dû être annulées.

Cet article vise un nouveau délit à la charge des administrateurs.

Nous nous rangeons à l'opinion de la Cour de Cassation qui a rayé le premier paragraphe du projet trop vague dans ses termes, et vise plus exactement l'infraction à l'article 33.

Nous approuvons également le principe de l'emprisonnement facultatif ; mais nous nous permettons de demander que le mot *sciemment*, caractéristique du délit, soit ajouté aux termes du projet qui présentent l'infraction comme une contravention matérielle, tout en la punissant non seulement d'amende mais de prison.

La Cour de Cassation, en revanche, propose de punir des peines portées à l'article 101, le fait pour les administrateurs d'avoir pris ou conservé un intérêt dans les marchés ou entreprises faits avec la société ; suivant nous, la responsabilité civile suffit, et il n'y a rien à ajouter au projet.

102. Sont passibles des peines édictées en l'article 402 du Code pénal les administrateurs ou directeurs d'une société anonyme qui, en cette qualité, se sont rendus coupables de faits prévus aux articles 585, paragraphes 2, 3 et 4, 586, paragraphes 4, 5, et 6, et 591 du Code de commerce.

Cet article, qui étend aux administrateurs des sociétés anonymes les dispositions de la loi qui atteignent les particuliers ou les gérants de sociétés en commandite coupables de faits caractéristiques de la banqueroute simple ou de la banqueroute frauduleuse, s'explique par une identité de motifs. Le tribunal a déjà adhéré à des dispositions analogues dans son rapport sur le projet de loi pour la réforme du code des faillites.

103. Toute infraction aux dispositions de l'article 75 est punie des peines portées à l'article 410, paragraphe 1er, du Code pénal.

Sont punis des mêmes peines ceux qui, par des annonces, affiches ou tout autre moyen de publicité, ont fait connaître l'émission faite contrairement à ces dispositions.

Les infractions à l'article 75 du projet sont punies des peines qui frappent les loteries non autorisées. C'est logique.

104. Est punie d'une amende de 500 à 10.000 francs toute infraction aux dispositions de la présente loi, relatives à la publicité qui doit précéder les souscriptions, émissions et ventes publiques d'actions et d'obligations d'une société par actions française ou étrangère.

Toute énonciation ou dissimulation frauduleuse dans les actes de publication donne lieu en outre aux peines édictées par l'article 405 du Code pénal.

105. Est punie d'une amende de 50 à 1.000 francs toute contravention aux dispositions des articles 74, 77, dernier alinéa, et 94, paragraphe 3, de la présente loi.

Toute énonciation ou dissimulation frauduleuse donne lieu en outre à une peine d'emprisonnement d'un mois à un an.

Ces articles établissent les peines applicables à ceux qui contreviennent aux dispositions réglant la publicité préalable aux souscriptions, émissions et ventes publiques de titres, à celles qui exigent dans les papiers de commerce des société certaines énonciations.

La peine est l'amende pour les simples omissions. Le projet édicte en outre la prison pour les énonciations ou dissimulations frauduleuses.

Nous avons déjà dit à propos de l'article 4 combien il eût été à désirer que le projet définît clairement à qui, parmi ceux qui ont pu participer à un titre quelconque à une publicité irrégulière, sont applicables des dispositions pénales.

106. Dans tous les cas où la présente loi prononce la peine de l'emprisonnement, le tribunal peut, en outre, déclarer le condamné incapable d'exercer les fonctions de juge au tribunal de commerce ou de membre d'une chambre de commerce ou d'une chambre consultative des arts et manufactures, pendant un délai qui ne peut excéder cinq années.

Pas d'observations.

107. Dans tous les cas où des condamnations sont prononcées en vertu des dispositions de la présente loi, l'article 463 du Code pénal est applicable.

La loi réserve avec raison l'application, aux diverses infractions prévues, de l'article 463 du Code pénal relatif aux circonstances atténuantes.

La Cour de Cassation, en approuvant ce tempérament, conforme au droit commun, le juge suffisant pour atténuer les rigueurs de la loi.

On a vu que nous avons été plus loin en proposant, sous plusieurs articles, de laisser aux juges, en exigeant que le fait ait été commis *sciemment*, la faculté d'acquitter et de ne pas se contenter des circonstances atténuantes.

TITRE IX

DISPOSITIONS DIVERSES

108. Les sociétés civiles qui divisent leur capital en actions doivent se conformer aux prescriptions de la présente loi, sous les mêmes sanctions civiles ou pénales.

Les sociétés anonymes ne peuvent diviser leur capital qu'en actions ou coupures d'actions d'une valeur égale.

TITRE IX

DISPOSITIONS DIVERSES

Cet article soumet à tous les dispositions du projet, avec leurs diverses sanctions civiles et pénales, les sociétés, même civiles par leur objet, qui divisent leur capital en actions.

Cette disposition est logique. On a seulement fait remarquer avec raison qu'elle devrait être accompagnée d'une définition bien précise de ce qu'on doit entendre par action, comparée aux simples parts d'intérêt. Est-ce l'égalité de toutes les divisions du capital social qui affirme ce caractère, ou faut-il aussi tenir compte du mode plus ou moins simplifié de cessibilité? Ces questions ont été fréquemment discutées en doctrine et demanderaient une définition législative précise pour l'application d'un texte aussi impératif que celui de l'article 108.

109. Les articles 6, paragraphes 2 et 3 ; 23, 24, paragraphe 2 ; 31, 32, 33, 34, 36, 44, 63, 71, 75 à 86, 87, 91, 92, 93, 94, paragraphe 3 ; 95 et 96, sont applicables aux sociétés constituées antérieurement à la promulgation de la présente loi.

Toutefois, l'article 23 ne sera applicable à ces sociétés que six mois après cette promulgation. Pendant ce délai, elles pourront, en se soumettant aux dispositions de l'article 22, modifier leurs statuts conformément aux prescriptions de cet article.

L'article 109 donne l'énumération d'un certain nombre de dispositions du projet auxquelles il attache un effet rétroactif.

Le rapport de la Cour de Cassation, qui les passe en revue, estime qu'elles peuvent en effet être rétroactivement appliquées sans léser de droits acquis, tout en faisant remarquer que, par suite d'une erreur de numérotage, les art. 36, 86, et 87 sont visés à tort au lieu des art. 35 87 et 88. Elle est bon juge de cette question de haute économie législative, et nous ne pouvons qu'accepter à son autorité. Il ne nous a pas semblé d'ailleurs qu'il fût en effet nécessaire de contrevenir à des droits acquis pour appliquer dans l'avenir les dispositions visées.

Nous ferons toutefois une double observation.

Nous avons déjà fait remarquer sous l'article 23, que d'ailleurs nous avons combattu, que le délai de six mois pour modifier les statuts en vue des exigences de cet article pouvait être bien court et qu'il vaudrait mieux le porter à un an, sinon à deux années.

Nous considérons aussi comme discutable l'application rétroactive des articles 90 à 96 aux sociétés étrangères établies en France et ayant satisfait aux prescriptions de la loi du 8 mai 1857. N'ont-elles pas un droit acquis par le fait accompli, conformément à la loi alors existante?

110. Les délais des prescriptions édictées par l'article 43 courront, pour les faits accomplis antérieurement, du jour de la promulgation de la présente loi.

C'est par dérogation au principe général posé par l'article 2281, C. civ., en matière de prescriptions civiles que l'article 110 donne pour point de départ aux prescriptions reconnues par la nouvelle loi la promulgation de cette loi, appliquant une théorie admise, dit M. Bozérian dans son rapport, par les jurisconsultes les plus autorisés.

Nous nous demandons s'il n'y aurait pas une conséquence encore plus logique à tirer du caractère pénal des responsabilités dérivant des nullités de société, en déclarant acquises les prescriptions qui auraient couru avant cette promulgation, pendant le temps prévu par la loi nouvelle.

111. Sont ou demeurent abrogés :
1° Les articles 31, 37, 40, 42, 43, 44, 45 et 46 du Code de commerce;
2° La loi du 17 juillet 1856;
3° La loi du 30 mai 1857;
4° La loi du 23 mai 1863;
5° La loi du 24 juillet 1867 sur les sociétés.

112. La présente loi sera applicable à l'Algérie et aux colonies.

Pas d'observation sur ces dispositions générales sauf une seule applicable à l'article 111.

Cet article déclare abrogés les articles 42, 43, 44, 46 du Code de commerce relatifs à la publicité à donner aux formations et aux dissolutions des sociétés.

Mais, comme le projet ne s'applique qu'aux sociétés par actions, il s'ensuivrait que les sociétés en nom collectif et en commandite simple seraient dispensées de publicité. Tel n'est pas assurément la pensée du législateur et il convient de dire que ces articles régissent toujours les sociétés non visées par la présente loi.

Paris. — Typ. G. Chamerot, 19, rue des Saints-Pères. — 20745

www.ingramcontent.com/pod-product-compliance
Lightning Source LLC
Chambersburg PA
CBHW070247100426
42743CB00011B/2169